프로젝트로 배우는

파이썬 프로그래밍

최덕기 지음

도서출판 학산미디어

머리말

이 책의 목적

컴퓨터 관련 전공이 아닌 비전공자들에게 있어서 컴퓨터 프로그래밍은 어려울 수밖에 없다. 그 이유는 프로그래밍에 익숙해지기 위해서는 일반적으로 두 가지의 장벽을 넘어야 하기 때문이다. 첫번째로는 프로그래밍 자체에 대한 이해인데, 컴퓨터를 사용해서 문제를 해결하기 위해서는 문제 해결 방식과 순서를 규정해주는 알고리즘algorithm이 필요하다. 즉, 사람이 생각하는 방식이 아닌 컴퓨터가 수행하는 방식을 따라야 하기 때문에 알고리즘을 만들고 프로그램으로 구현하기 위해서는 시행착오를 통한 학습이 필요하다. 즉, 문제를 해결하는 데 있어서 컴퓨터가 해결하는 방식으로의 생각의 전환에 익숙해지기 위해서는 실제로 꽤 많은 시간이 걸린다. 또 다른 장벽은 컴퓨터 언어 자체이다. 문제를 해결하기 위한 알고리즘을 이해하였더라도 실제로 컴퓨터에 원하는 작업을 시키기 위해서는 사람의 언어가 아닌 컴퓨터가 이해할 수 있는 언어로 작성되어야 한다. 현재 널리 사용되는 컴퓨터 언어에는 C 와 C++ 등이 있고, 컴퓨터 언어라기보다는 플랫폼의 개념으로는 과학기술용의 다양한 응용 라이브러리를 가지고 있는 MATLAB 등이 있다.

프로그래밍 입문자가 학습을 중도에 포기하는 이유는 컴퓨터 언어를 배워야 하겠다는 동기 부여가 적절하게 되지 않았기 때문이라고 생각한다. 시중에 나와 있는 컴퓨터 언어에 관한 책들은 대부분이 컴퓨터 관련 학과 전공자 위주로 쓰여졌으므로 그 깊이와 수준이 입문자들이 감당하기에는 버거운 경우가 많다. 따라서 새롭게 컴퓨터 언어를 배우는 사람들이 전문서적에서 소개하고 있는 다양한 추상적인 개념, 함수, 라이브러리, 그리고 언어 자체의 의미들을 단시간 내에 이해하고 적절한 경우에 맞게 사용한다는 것은 거의 불가능에 가깝다.

이 책에서는 이러한 어려움을 겪는 독자들의 입장을 고려하여, 먼저 기본적인 파이썬 문법과 해설이 제시되고, 그 과정을 따라서 수준에 맞춘 프로젝트를 접할 수 있도록 하였다. 따라서, 현실에서 만날 수 있는 다양한 문제를 생각해 보고 이를 프로젝트 형식으로 해결해 가는 방법으로 파이썬 언어를 배워갈 수 있도록 배려하였다. 그러므로, 독자들은 파이썬의 기본 문법을 익히고 난 후에 수준에 맞게 제시된 프로젝트를 따라 해 보면서 프로그래밍에 대한 이해의 깊이를 더 할 수 있을 것으로 생각한다.

이 책의 구성

이 책은 처음으로 파이썬에 접하는 경우와 컴퓨터 프로그래밍에 관한 내용을 학습하고 싶은 독자들을 위하여 쓰여졌다. 독자들 중에는 파이썬이 아닌 다른 컴퓨터 언어를 이미 어느 정도 알고 있는 경우도 있고, 또는 프로그래밍에 대한 경험이 거의 없을 수도 있을 것이다. 따라서 독자들의 다양한 프로그래밍에 대한 배경지식에 따라 가능한 한 유연성을 가지고 학습할 수 있도록 이 책의 구성을 주의하여 배치하였다.

이 책의 구성은 다음과 같이 크게 두 가지로 나누어진다.

- 교과lectures
- 프로젝트projects

교과 부분에서는 파이썬 언어와 프로그래밍에 대한 기본적인 설명이 제공된다. 한편, 프로젝트 부분에서는 교과에서 학습한 내용을 응용하여 실제적인 문제를 해결하는데 사용하는 방법을 처음부터 끝까지 프로젝트 형식으로 학습하도록 기술하였다. 이를 통하여, 막연하게 언어의 문법을 배우는 것과 달리, 구체적인 결과를 도출할 수 있는 간단한 프로젝트를 성취하는 과정을 통해서 동기 부여가 될 수 있을 것으로 기대한다. 각 장의 제목에서 프로젝트라고 되어 있는 부분은 프로젝트 학습을 위한 부분이며, 그 외에는 모두 교과를 위한 부분이라고 생각하면 쉽게 구분이 될 것으로 본다.

이 책의 특징

새로운 지식을 습득하는 데 있어서 다양한 방법이 있으나, 프로그래밍을 배우기 위해서는 "Learning by doing"의 방법이 가장 효과적이라고 생각된다. 이 방법은 단지 필요한 사항들을 암기하는 것을 넘어서 실제로 무엇인가를 해보는 것을 의미한다. 일단, 프로그래밍을 배우기 위해서는 먼저 알고리즘을 이해해야 하고, 그것을 컴퓨터에서 구현할 수 있는 컴퓨터 언어도 알아야 한다. 이 책에서는 프로그래밍에 입문하는 독자들을 위해서 다음과 같은 구성으로 집필하였다.

- 파이썬 문법에 대한 상세한 설명과 예제

- 문법과 관련된 프로젝트 수행을 통한 심화학습

이 책으로부터 독자들은 자신들의 여건에 맞게 여러 가지 형태로 학습을 진행할 수 있다.

- **문법중심**: 파이썬의 기본적인 문법을 중심으로 공부하고 싶거나, 시간이 없는 경우에는 교과 부분을 위주로 하여 학습한다.
- **심화학습**: 시간의 여유가 있거나 심화학습을 하고 싶은 경우에는 교과 및 프로젝트를 진도에 따라서 학습한다.
- **프로젝트**: 파이썬 문법에 대한 어느 정도의 지식이 있다면, 교과부분보다는 프로젝트 부분을 위주로 학습한다.

특별히 이 책에서 제공되는 프로젝트들은 특별한 분야가 아닌 보편적인 주제들을 택하였고, 주의 깊게 난이도가 조절되어 있으며, 교과 부분과의 연결성에 적합하게 맞추어서 쉬운 내용부터 심화한 내용까지로 설정되어 있다. 따라서 시간이 조금 걸리더라도 교과 부분들을 공부해 가면서 그와 관련된 프로젝트 부분을 공부하는 것이 가장 효과적인 학습 방법이라고 생각한다. 본 책에서 제공하는 내용을 충분히 학습한다면, 기본적인 파이썬에 대한 프로그래밍을 수행할 능력을 갖출 수 있을 것으로 기대한다.

결론적으로, 이 책을 사용하여 최대의 효과를 얻기 위해서는 다음과 같은 과정을 참고하면 학습에 도움이 될 것으로 생각한다.

입문과정 파이썬 언어와 프로그래밍에 대한 기본적인 지식을 얻고자 하는 경우에는 1장부터 시작해서 라이브러리 사용을 설명하고 있는 21장까지의 내용을 학습한다. 단, 처음에는 교과부분을 중심으로 학습하되, 차후에 프로젝트 부분도 반드시 학습하기를 권한다.

응용과정 파이썬 언어에 대한 기본적인 과정을 학습하였다면, 오류처리 기법을 설명하고 있는 31장까지의 내용을 학습한다. 여유가 된다면 32장까지 학습할 것을 권한다.

고급과정 이 과정에서는 고급 프로그래밍에 필수적인 요소인 33장에서부터 설명되어 있는 객체지향프로그래밍Objective-Oriented Programming, OOP 부분을 학습한다. 객체지향 프로그래밍 부분은 처음 접하는 독자들에게는 어려울 수도 있으므로, 충분한 시간을 가지고 학습하기를 권한다.

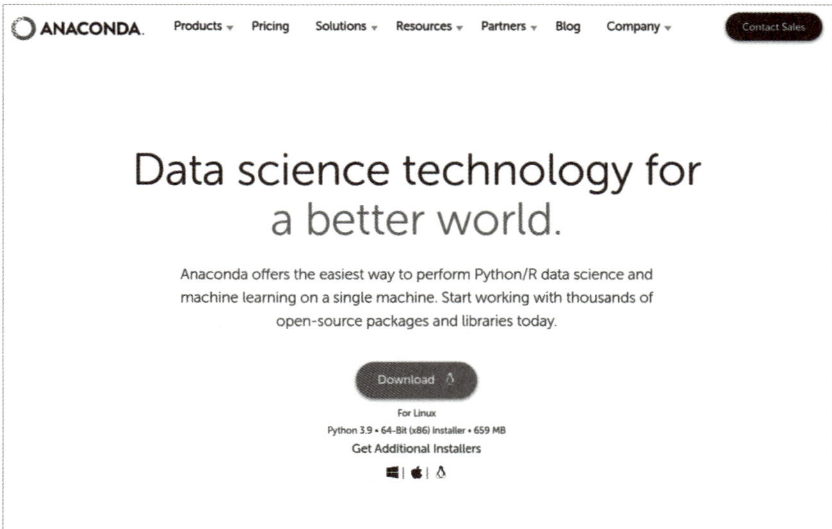

파이썬 설치와 주피터 노트북

파이썬을 사용하기 위해서는 적절한 프로그램 소스를 찾아서 설치해야 한다.

파이썬은 몇 가지 종류가 있으나 여기서는 아나콘다anaconda 버전의 파이썬 설치를 권한다. 독자들의 대부분이 윈도우 기반 컴퓨터를 사용할 것으로 예상되므로 다음의 사이트에서 설치기를 다운로드 한 후 설치를 진행하면 된다. 위의 그림은 Anaconda 사이트에 접속한 화면이다. 여기서, 원하는 OS에 해당하는 설치기installer를 다운 받을 수 있다.

- 아나콘다 파이썬은 https://www.anaconda.com에서 해당하는 OS의 설치기를 다운 받을 수 있다.
- 파이썬은 3.x와 2.x 버전이 있는데 특별한 경우가 아닌 한 3.x 버전을 설치할 것을 권한다.
- 다운로드한 프로그램 설치기를 실행하면 필요한 기본 프로그램을 모두 설치해 준다.
- 설치기를 다운 받은 후 설명이 나오는 대로 따라 하면 설치가 끝난다.

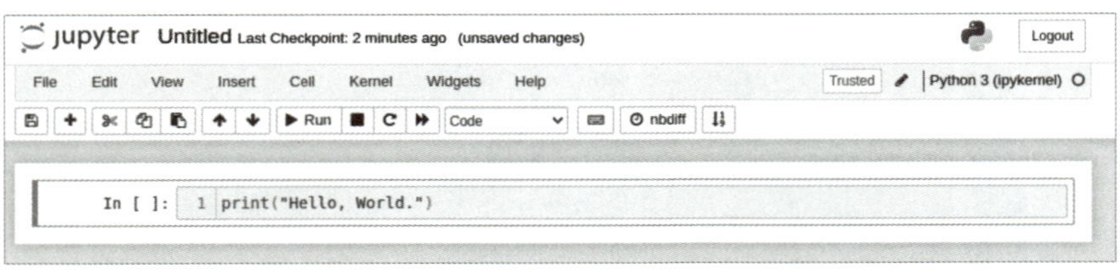

주피터 노트북(Jupyter Notebook)

파이썬 프로그래밍을 실습하기 위해서는 파일에 소스 코드를 적어 넣을 편집기가 필요하다. 간단한 편집기로부터 전문적인 개발자들이 사용하는 고급 사양의 편집기까지 매우 다양한 종류가 있으나 본서에서는 최근 가장 많이 사용되는 주피터 노트북을 사용하기를 권한다. 주피터 노트북은 아나콘다 파이썬을 성공적으로 설치한 경우에는 윈도우 메뉴에 자동으로 포함된다. 주피터 노트북은 마치 노트를 사용하는 것처럼 파이썬 프로그램을 실행 및 편집할 수 있는 편리한 도구이다. 또한, 노트북은 자체 프로그램을 사용하지 않고, 웹 브라우저를 실행 노트로 사용하는 것이 특색이다. 즉, 주피터 노트북을 실행시키면 크롬이나 파이어폭스 등의 웹 브라우저가 필기할 수 있는 노트를 화면에서 만들어 준다. 주피터 노트북은 프로그래밍과 노트 기입을 편리하게 만들어 주는 다양한 기능이 있다. 위의 그림은 주피터 노트북에서 `Hello World.`라는 문장을 출력하기 위한 프로그램이다. 주피터 노트북에 대한 더욱 상세한 내용은 https://jupyter.org/를 참고하기 바란다.

감사의 글

어떤 책이든지 책을 쓴다는 것은 결코 쉬운 일이 아니다. 이 책을 집필하기 위해서 준비하는 기간을 포함해서 거의 3년 이상이 걸린 것 같다. 책을 쓰느라고 많은 시간을 주말을 포함해서 연구실에서 보냈는데도 격려해준 가족들에게 고마움을 전한다. 그리고, 좋은 책으로 만들어 준 학산미디어 관계자들에게도 감사한다. 독자들이 이 책을 읽고 파이썬 언어와 프로그래밍에 대하여 이전보다 큰 자신감과 관심이 생겼다면 저자로서 더 기쁜 일은 없을 것이다.

2022년 죽전 연구실에서

차례

CHAPTER 01

프로그래밍이란?

CHAPTER 02

데이터의 종류

CHAPTER 03

리스트 및 튜플

CHAPTER 04

인덱스와 잘라내기

CHAPTER 05

출력형식 알아보기

CHAPTER 06

조건문 만들기

CHAPTER
01

프로그래밍이란?

1.1 프로그래밍

프로그래밍programming을 수행하여 문제를 해결한다고 말할 때, 일반적으로 다음과 같은 세 가지의 내용을 포함하고 있다.

- 문제를 정의하기
- 문제를 해결하는 방식(순서) 정하기
- 문제 해결 방식을 컴퓨터 언어를 사용하여 작성하기

문제를 정의하는 것은 문제의 답을 구하는 것보다 훨씬 중요하다. 왜냐하면, 현실에서 해결하고자 하는 문제는 너무 복잡하므로 어느정도의 단순화 작업이 없이는 효과적으로 문제를 다룰 수가 없기 때문이다. 그러므로 현실에서의 문제를 다룰 수 있는 범위로 단순화시키는 작업이 필요한데 이를 모델링modeling이라고 한다. 모델링을 통하여 문제에 대한 모델을 얻을 수 있다.

일단 해결하고자 하는 문제가 모델로 간략화 되어 정의되면 그다음 순서는 문제의 답을 찾는 방법을 찾아보는 것이다. 물론, 문제를 해결하는 방식은 사람과 컴퓨터가 상당히 다르다. 컴퓨터가 문제를 해결하는 방식은 주로 반복과 조건을 조합하여 사용하는 방법이며 이러한 방식은 통합적으로 해결하는 경향이 있는 사람들의 문제 해결 방식과 때로는 많은 차이를 보인다. 문제 해결을 컴퓨터로 하는 순서(방법)을 규정해 놓은 것을 알고리즘algorithm이라고 한다. 즉, 알고리즘의 핵심 역할은 컴퓨터가 문제를 해결할 수 있도록 모든 과정을 차례로 배치하는 것이라고 말할 수 있다. 최근에는 고전적인 선형 알고리즘을 뛰어넘는 인공 신경망Artificial Neural Networks 등을 사용하여 인간이 문제를 해결하는 방식을 모사하고자 하는 노력이 주목을 받고 있다. 그러나 아직은 신경망의 개발이 충분하게 성숙하지 못하여 고전적인 알고리즘에의 의존은 상당 기간 불가피하다고 본다. 결국, 좋은 모델을 만들 수 있는 사람은 해당 분야의 경험과 지식을 충분히 가지고 있어야 하고, 동시에 알고리즘의 개념도 잘 이해하고 있어야 한다.

흥미롭게도 때로는 모델이 실제 상황을 잘 표현하고 있더라도 답을 구할 수 있는 유효한 알고리즘이 존재하지 않는 경우도 많다. 다양한 문제를 해결함에 있어서 보통 정도의 지능을 가진 사람과 같은 판단을 할 수 있는 일반적인 인공지능Artificial General Intelligence, AGI을 모사하는 아이디어는 많이 회자되고 있으나 그것을 구현할 수 있는 알고리즘은 아직도 명확하게 제시되지 못하고 있다. 예를 들어, 한적한 도로가 아닌, 사람과 자동차가 엉켜서 지나가는 복잡한 교차로 등에서 안전 운행을 위해서 어떠한 방식이 좋은 가에 대한 기존의 해결책은 모든 면에서 아직도 충분히 만족스럽지 못하다. 이러한 복잡한 문제를 해결하기 위해서는 단지 효율적인 알고리즘뿐 아니라 아마도 이전에 생각해보지 못했던 전혀 새로운 모델이 필요할 수도 있을 것이다.

일단 알고리즘이 완성되면 마지막 단계로서 그 내용을 컴퓨터 언어로 번역하는 과정 — 코딩coding 또는 프로그래밍이 필요하다. 그러므로 코딩을 제대로 하기 위해서는 해당 컴퓨터 언어에 대한 문법과 적용 사례를 잘 이해하고 있어야 한다. 컴퓨터 언어에 대한 이해도가 떨어지면 알고리즘을 제대로 구현할 수 없을 뿐 아니라 비효율적인 프로그램을 작성하게 될 수 있다. 이런 경우는 오답을 결과물로 내놓을 수도 있고, 프로그램의 실행 속도가 상당히 느릴 수도 있다. 따라서 좋은 프로그램을 만들기 위해서는 위에서 언급한 세 가지의 내용 – 문제의 정의, 알고리즘, 코딩 — 을 충분히 이해하고 많은 연습을 통해서 능력을 키워가는 것이 매우 중요하다고 생각된다.

1.2 알고리즘 사례

다음에서 해결하고자 하는 어떤 문제에 대한 알고리즘의 적용 예를 보여주고 있다. 여기서 문제의 정의는 코끼리를 냉장고에 넣는 것이다.

- 이 문제에 대한 알고리즘을 다음과 같이 정의한다.
  1. 냉장고의 문을 연다.
  2. 코끼리를 냉장고에 넣는다.
  3. 냉장고의 문을 닫는다.

이 문제를 위해서 실제로 실행되는 것이 아닌 의사 코드pseudo code로 위의 알고리즘을 코딩해 보면 다음과 같으며 open_door, put_elephant, close_door의 세 가지의 작업을 사용하여 다음과 같이 프로그램에서 구현하였다.

```
open_door()
put_elephant()
close_door()
```

이 세 가지 작업들은 정확하게 순서대로 진행되어야 하는데 그 이유는 순서가 바뀌면 프로그램은 원하는 결과를 내어 주지 못하기 때문이다.

이번에는 같은 냉장고에 하마hippo를 넣는 알고리즘을 알아보기로 하자. 문제의 정의는 하마를 냉장고에 넣는 것이다.

- 이 문제에 대한 알고리즘을 다음과 같이 네 단계로 정의한다.
  1. 냉장고의 문을 연다.
  2. 코끼리를 꺼낸다.
  3. 하마를 냉장고에 넣는다.
  4. 냉장고 문을 닫는다.

위의 알고리즘을 구현한 의사 코드는 다음과 같다.

```
open_door()
take_out_elephant()
put_hippo()
close_door()
```

만일 알고리즘에서 실행 순서가 바뀌거나 빠지면 원하는 결과를 얻을 수 없게 된다. 그러므로 프로그래밍에 입문하는 독자들은 컴퓨터의 문제 해결 방식인 알고리즘에 관심을 두고 차분하게 따라갈 수 있도록 많은 연습을 해야 한다.

1.3 "파이썬 다움"

파이썬은 일반적인 사용 목적을 염두에 두고 개발된 상위레벨 컴퓨터 언어이며 1991년 Guido van Rossum에 의해서 만들어졌다.[1] 파이썬은 처음부터 코드를 읽기에 편하도록 코딩 작업 공간에 많은 공백을 넣도록 하였으며 객체지향 프로그래밍의 개념을 구현하는 방식을 택했다. 또한, 파이썬에서는 다양한 분야에서 곧바로 사용될 수 있는 완성도 높은 라이브러리를 제공하고 있으며 편리함과 가독성 등이 타 언어에 비해서 뛰어나다고 인정받고 있어서 사용자의 수가

1 https://en.wikipedia.org/wiki/Python(programming_language)

늘어나고 있다. 파이썬은 점차 사용 영역이 넓어져서 과학 기술, 공학, 사회학, 인문학, 그리고 경제 및 금융 분야에서도 널리 사용되고 있다.

다른 컴퓨터 언어보다 파이썬은 읽기 쉽다는 의견들이 많다. 그것은 아마도 파이썬 프로그래밍에 대해서 자체적인 가이드라인이 존재하며 전문 프로그래머들은 가능하면 그것을 준수하여 프로그래밍하기 때문일 것이다. 다른 컴퓨터 언어에서도 나름대로 가이드라인이 있기는 하지만 강제적으로 따르도록 하는 사항은 아니다. 그러나 파이썬 커뮤니티에서는 가능하면 가이드라인에 따라 프로그램을 작성하도록 강력하게 권고하고 있다. 파이썬은 잘 정리된 프로그래밍 가이드라인(PEP 8)[2]을 가지고 있으며 그에 따라 프로그램을 작성하도록 권유하고 있다. PEP8은 프로그래머를 위한 스타일 가이드이며 이 책에서는 가능한 한 가이드라인을 준수하여 프로그램을 작성하여 소개하였다. 가이드라인의 주안점은 크게 보면 첫 번째는 간결함의 추구 또는 읽기 쉽게 하는 것이 목적이다. 두 번째는 파이썬의 기능을 최대한으로 파이썬답게 사용하는 방법으로 작성하는 것이라고 볼 수 있다. 전문 프로그래머들은 파이썬 가이드라인을 따라 작성하는 것을 "파이썬 답다Pythonic"고 말한다. 파이썬 입문자에게는 자신의 스타일을 가이드라인에 비추어 교정받을 수 있는 등의 무료 온라인 사이트[3]가 있어서 자신이 작성한 프로그램을 업로드해서 개선점을 조언받을 수 있으므로 한 번 사용해보기를 권한다.

프로그래밍을 배우는 가장 좋은 방법은 다른 사람들이 작성한 좋은 코드를 많이 보는 것이다. 따라서 훌륭한 프로그램을 보면서 공부하는 것은 짧은 시간에 프로그래밍 실력을 올려줄 수 있는 가장 효과적인 방법이다. 다음의 두 가지 예를 통하여 파이썬의 간결하고도 이해하기 쉬운 언어적인 형태를 살펴보기로 한다.

---

2 https://pep8.org

3 http://pep8online.com/

- 숫자 1부터 10까지를 더하는 프로그램을 파이썬에서는 다음과 같이 단 한 줄로 작성할 수 있다.

```
sum_up = sum(range(1, 11))
```

- 카페 menu에 latte가 포함되어 있는지 찾아보기 위해서 다음과 같이 쓸 수 있다.

```
menu = ["americano", "espresso", "mocha", "latte"]
finder = "latte" in menu
print(finder)
```

1.4 파이썬 프로그래밍 가이드라인

다음은 Tim Peters가 작성한 "파이썬의 도The zen of Python"이라는 내용이며 "파이썬 다움"이라는 전반적인 개념을 간략하게 소개하고 있다.

- 코딩의 내용이 가능한 한 정확하게 전달될 수 있어야 한다.
- 하나의 파이썬 문장은 한 줄에 적는다.

파이썬에서 import this를 실행하면 다음과 같이 "파이썬의 도"라는 글이 출력된다.

```
The Zen of Python, by Tim Peters
Beautiful is better than ugly.
Explicit is better than implicit.
Simple is better than complex.
```

> Complex is better than complicated.
>
> Flat is better than nested.
>
> Sparse is better than dense.
>
> Readability counts.
>
> Special cases aren't special enough to break the rules.
>
> Although practicality beats purity.
>
> Errors should never pass silently.
>
> Unless explicitly silenced.
>
> In the face of ambiguity, refuse the temptation to guess.
>
> There should be one– and preferably only one –obvious way to do it.
>
> Although that way may not be obvious at first unless you're Dutch.
>
> Now is better than never.
>
> Although never is often better than right now.
>
> If the implementation is hard to explain, it's a bad idea.
>
> If the implementation is easy to explain, it may be a good idea.
>
> Namespaces are one honking great idea – let's do more of those!

위의 내용 중에서 몇 가지만 직역해서 적어보면 다음과 같다.

- 지저분하게 하기보다 멋지게 하는 것이 낫다.
- 드러나지 않게 하기보다 드러내는 것이 낫다.
- 복잡하게 하기보다 단순하게 하는 것이 낫다.
- 빽빽하게 적는 그것보다 여유 공간을 주는 것이 낫다.
- 읽기 쉽게 작성하는 것이 옳다.
- 들여쓰기는 다음과 같이 4칸으로 한다.

```
for i in range(5):
    print(i)
```

- 사칙 연산이 이어질 때는 다음과 같이 연산자를 분리한다[good]. 두 번째와 같이하면 연산자와 성분이 분리되기 때문에 읽을 때 흐름이 끊어져서 내용을 파악하기에 불편함을 알 수 있다[bad].

```
# Good
total = name
        + id
        + score
        + age
        + gender

# Bad
total = name +
        id +
        score +
        age +
        gender
```

- 공백을 주는 방법

  프로그램을 작성할 때 문자이나 표현에서 적절한 공백을 주면 더욱 읽기 쉽게 된다. 그러나 아래의 예와 같이 불필요한 공백은 피하는 것이 좋다. 특별히 **print(x, y)**와 같은 괄호 내에서의 공백은 주지 않는 것이 보기에 좋다.

```
# Good
x = 3
y = 7
if x > 3:
    print(x, y)
```

```
# Bad
x =3
y= 7
if x> 3:
    print( x , y )
```

위에서 언급한 몇 가지 사례들은 파이썬 가이드라인의 일부에 불과하다. 물론 파이썬 프로그래밍을 할 때 가이드라인의 내용을 모두 준수할 수는 없겠으나 가능하면 그대로 따라 주는 것이 보기에도 좋고, 다른 프로그래머들과의 교류에도 도움이 될 수 있다.

1.5 이름 정하기

프로그램에서는 사용되는 변수, 상수, 함수, 리스트 등에 적절한 이름을 지정해 주어야 한다. 기본적으로 이름은 다음과 같이 영문 소문자와 대문자를 이용하여 정한다.

- x(단일 소문자)
- X(단일 대문자)
- group(소문자)
- GROUP(대문자)

흔히 번거롭다는 이유로 변수 이름을 의미 없이 정하면 나중에 프로그램을 검토할 때 변수의 내용을 이해하기 어려워서 불편할 수 있다. 따라서 이름은 가능하면 구체적으로 정하는 것이 좋으며 이렇게 해두면 나중에 프로그램을 디버깅하기에도 편리하다. 많이 사용되고 있는 작명 형식은 낙타 형식camel case과 뱀 형식snake case의 두 가지 종류가 있다.

낙타 형식

이름을 지을 때 관련된 정보를 모두 이어서 붙이는 방식이다. 예를 들어 sky, walker와 return of Jedi는 각각 다음과 같이 표시한다.

```
SkyWalker (각 단어의 첫글자를 모두 대문자로)
skyWalker (첫 단어의 첫글자만 소문자로)
returnOfJedi (첫 단어의 첫글자만 소문자로)
```

뱀 형식

작명할 때 관련된 정보 사이에 _을 넣어서 만드는 방식이다. 다음의 예와 같이 사용할 수 있다.

```
sky_walker
Sky_Walker
SKY_WALKER
return_of_Jedi
```

추천되지 않는 방법

다음과 같은 영문자를 이름으로 사용하는 경우는 프로그램을 읽는데 혼동을 주게 될 가능성이 있으므로 가능한 사용하지 않는 것이 좋다.

```
l (소문자 L)
O (대문자 O)
I (대문자 I)
```

이러한 문자를 이름으로 사용하면, 다음 예에서 볼 수 있듯이 왼쪽의 이름과 오른쪽의 숫자가 모양이 유사하여 혼돈을 줄 수 있음을 보여주고 있으며 잘 구분이 되지 않아서 프로그램 오류를 찾고자 할때도 어려울 수 있다.

```
l = 1
O = 0
I = 1
```

상수

프로그램 전역global에서 사용될 상수는 MAX_NUMBER나 PLANCK_CONSTANT와 같이 대문자로 나타내는 것이 일반적이다. 다음 프로그램에서는 상수 MAX_NUMBER, PLANCK_CONSTANT와 G를 규정하는 방법을 보여주고 있다.

```
MAX_NUMBER = 300
PLANCK_CONSTANT = 6.62607004e-34
G = 9.81
```

1.6 효과적인 프로그래밍 학습

프로그래밍을 배우는 데 있어서 가장 중요한 일 중의 하나는 컴퓨터 언어에 대한 지식을 습득하는 것이다. 컴퓨터 언어의 형식은 다음과 같은 내용으로 나누어질 수 있다.

- 데이터 종류(정수, 실수, 복소수, 문자, 문자열 등)
- 데이터 형식(리스트list, 투플tuple, 사전dict, 클래스 등)
- 조건(if, else, elif 등)
- 반복(for, while 등)
- 함수(functions)

- `if`로 시작되는 조건문은 프로그래밍에 있어서 가장 중요한 영역 중의 하나이다. 주어진 조건이 맞으면 실행하고, 또는 조건이 맞을 때까지 실행되는 것이 일반적이다.
- `for`로 대변되는 반복문은 프로그래밍에서 또 하나의 기둥을 이루고 있는 부분이다. 예를 들어, 반복 과정을 통해서 정보를 읽어오고, 실제값에 접근하는 근삿값을 계산해 볼 수 있다. 또한, 현실을 반영하는 수학적 모델을 통해서 실제와 유사한 현상을 묘사하는 시뮬레이션에서는 반복 과정이 매우 중요하게 취급된다.

1.7 Quiz

1. "파이썬 다움"이란 무엇인지를 간략하게 설명해 보시오.
2. 파이썬에서 변수 이름을 작명할 때 적용되는 가이드라인을 예를 들어 설명하시오.
3. 파이썬에서 상수 이름을 작명할 때 적용되는 가이드라인을 예를 들어 설명하시오.
4. 파이썬에서 변수 이름을 작명할 때 추천되지 않는 형식에 대하여 예를 들어 설명하시오.
5. 낙타 형식과 뱀 형식을 사용하여 적절한 이름을 서너가지로 작명하시오.
6. 프로그래밍 가이드라인(PEP 8)에 대한 문헌(https://pep8.org)을 읽어보시오.

CHAPTER

02

데이터의 종류

2.1 데이터의 종류와 구조

파이썬에서 많이 사용되는 데이터의 종류는 다음과 같이 다섯 가지로 나누어질 수 있다.

- 숫자number
- 문자/문자열string
- 리스트list
- 투플tuple
- 사전 구조dictionary

이번 장에서는 숫자와 문자/문자열에 대해서만 다루고 나머지 리스트, 투플, 그리고 사전 구조에 대해서는 각각 독립된 장에서 상세하게 설명하기로 한다

2.2 숫자

파이썬에서 사용되는 숫자의 종류는 정수integer, 실수float, 복소수complex 등이

있다. 다른 프로그램 언어와 달리 사용하기 전에 숫자의 종류를 미리 선언할 필요는 없다.

코드	형식	설명
int	k = 1	정수
float	x = 3.14	유동 소수점 실수
complex	r = 1 + 4j	복소수

다음 프로그램은 정수, 실수 및 복소수를 변수 k, x, r에 각각 할당하는 과정을 보인 것이다.

```
k = 1
x = 3.14
r = 1 + 4j
print(type(k))
print(type(x))
print(type(r))
```

데이터 종류에 대한 정보는 type() 함수를 사용하면 쉽게 알아볼 수 있다. 위 프로그램에서 사용된 k, x, r에 대한 데이터 종류는 다음에서 볼 수 있듯이 각각 정수, 실수, 복소수로 규정되어 있다.

```
<class 'int'>
<class 'float'>
<class 'complex'>
```

데이터 종류의 변환

파이썬에서는 연산 중에 필요한 경우에는 자동으로 데이터의 종류를 적절하게 변환해 준다. 다음 예에서는 다른 데이터가 함께 사용되는 연산에서 데이터 종류의 변환이 발생함을 보여주고 있다.

```
k = 1
x = 3.14
r = 1 + 4j
z = k + x
q = k + r
s = x + r
print(z)
print(q)
print(s)
print(type(z))
print(type(q))
print(type(s))
```

- 다음 예에서, 정수 k와 실수 x의 연산인 `z = k + x`를 수행하면 결과는 실수 `<class 'float'>` 로 되어 연산 과정에서 정수가 실수로 변환되어 수행되었음을 볼 수 있다.

  예

```
k = 1
x = 3.14
z = k + x
print(z)
print(type(z))
```

이 프로그램을 수행하면 다음과 같다.

```
4.140000000000001
<class 'float'>
```

- 이번에는 정수 k와 복소수 r의 연산 q = k + r에서 결과는 <class 'complex'> 로 나타나 복소수로 변환되었음을 알 수 있다.

```
k = 1
r = 1 + 4j
q = k + r
print(q)
print(type(q))
```

이 프로그램을 수행하면 다음과 같다.

```
(2+4j)
<class 'complex'>
```

- 또한, 실수 x와 복소수 r의 연산 s = x + r에서 결과는 <class 'complex'>와 같이 복소수로 변환되었다.

```
x = 3.14
r = 1 + 4j
s = x + r
print(s)
print(type(s))
```

이 프로그램을 수행하면 다음과 같다.

```
(4.140000000000001+4j)
<class 'complex'>
```

- 결론적으로 파이썬에서는 자동으로 연산의 결과를 적절한 데이터의 종류로 변환해 줌을 알 수 있다.

2.3 문자/문자열

문자나 문자열은 따옴표로 둘러싸인 데이터를 의미한다. 홑 따옴표 ' 또는 겹 따옴표 "를 사용할 수 있으며, 3중 따옴표 """는 설명comments을 이어갈 때 사용한다. 다음의 프로그램 예에서 볼 수 있듯이 문자나, 문자열 그리고 공백을 포함한 문자열 모두 동일하게 문자열로 인식됨을 알 수 있다.

```
u = "U"
t = "Truth"
s = "Python is fun."
g = """Programming with Python is a good initiative for
anyone who dreams of successful career in the future."""
print(type(u))
print(type(t))
print(type(s))
print(type(g))
```

이 프로그램을 수행하면 다음과 같이 각 변수의 종류를 알 수 있으며, 네 가지 모두 문자열로 인식이 됨을 알 수 있다.

```
<class 'str'>
<class 'str'>
<class 'str'>
<class 'str'>
```

2.4 연산자

파이썬에는 변수나 숫자에 대해서 다양한 작업을 할 수 있는 다음과 같은 연산자가 있다.

- 산술 연산자arithmetic operators
- 할당 연산자assign operators
- 포함 연산자membership operators

산술연산자

파이썬의 기본 산술연산자는 덧셈, 뺄셈 등과 같은 종류가 있으며 다음 표에서 정리하였다. 예를 들어, 2^3와 같은 경우는 기본 함수를 사용하여 pow(2,3)으로 하거나 2**3으로 사용할 수 있다. 다음 표에서는 기본적인 연산을 구현하는 방법을 보여주고 있다.

연산자	내용	사용 예
+	덧셈	x + y
-	뺄셈	x - y
*	곱셈	x * y
**	승셈	x**3
/	나눗셈	x/y
% &	나눗셈 나머지	5%2 = 1
//	나눗셈 몫	10//3 = 3

할당연산자

프로그램에서 값들을 변수에 할당하는 할당연산자가 있으며 다음 표에서 정리하여 보였다.

연산자	내용	사용 예
=	3을 x에 할당	x = 3
+=	x에 2를 더하고 그 결과를 다시 x에 할당	x += 2
-=	x에서 1를 빼고 그 결과를 다시 x에 할당	x -= 1
*=	x에 4를 곱하고 그 결과를 다시 x에 할당	x *= 4
/=	x를 2로 나누고 그 결과를 다시 x에 할당	x /= 2

할당 연산자에 대한 사용 예를 다음 프로그램에서 보여주고 있다.

```
a = 3
print(a)
a += 2
print(a)
a /= 3
print(a)
```

- a = 3에서 숫자 3을 변수 a에 할당하고 있으며 이제 a는 3의 값을 갖는다.
- a += 2는 a = a + 2와 같으며 오른쪽의 연산을 수행한 후 왼쪽으로 할당하는 과정이다.
- 사용 예에서는 a + 2 = 3 + 2 = 5이므로 현재 a의 값은 5이다.
- 다른 할당 연산자에 대해서도 같은 방식으로 생각할 수 있다.

이 프로그램을 실행하면 다음과 같은 결과를 얻는다.

```
3
5
1.6666666666666667
```

독자들은 왜 이러한 결과가 나왔는지 꼼꼼하게 자세히 살펴보면 다른 사람들이 작성한 프로그램을 볼 때 더 이해가 쉬울 것이다.

포함연산자

포함연산자의 기능은 연산자의 오른쪽에 있는 항목에 왼쪽의 항목이 존재하는가를 묻는 것이며 다음과 같이 사용한다. 예를 들어, 문자열 text = '3times'에 '3'이 있는가를 확인하기 위해서는 다음 표에서와같이 포함연산자를 적용할 수 있다. 여기서 '3'은 숫자가 아니라 문자열의 한 요소로 되어 있으므로 따옴표를 사용해야 함을 유의한다.

연산자	내용	사용 예
in	포함된 내용을 확인	'3' in text
not in	포함되지 않은 내용을 확인	'3' not in text

다음 프로그램은 문자열 text = 'Python is fun'에 'fun'이라는 문자열이 존재하는가를 판정해주는 것이다.

```
text ='Python is fun'
check1 = 'fun' in text
print(check1)
check2 = 'boring' in text
print(check2)
```

이 프로그램의 실행 결과는 각각 다음과 같다.

```
True
False
```

이 프로그램에서 check1 = 'fun' in text에서는 참이 되므로 결괏값이 True가 나오게 되며, 반면에 check2 = "boring" in text은 text에 'boring'이 없으므로 거짓이 되므로 False라는 결과를 얻는다.

2.5 Quiz

1. a = 1, x = 2.3에 의해서 연산 y = a + x이 이루어 질 때 결과의 데이터 종류는 무엇인가?

2. a = 1, b = 5에 의해서 연산 c = a + b이 이루어 질 때 결과의 데이터 종류는 무엇인가?

3. 다음 연산을 수행하는 프로그램을 작성하고 그 결과를 적으시오.

연산	결과
3 + 2	
3 / 2	
14 % 2	
21 // 4	

4. 다음 연산을 수행하는 프로그램을 작성하고 그 결과를 적으시오.

연산	결과
3 ** 2	
pow(2,4)	
31 % 4	
19 // 3	

5. a = 7일 때 다음 연산을 수행하는 프로그램을 작성하고 그 결과를 적으시오.

연산	결과
a += 3	
a -= 2	
a *= 3	
a /= 2	

6. b = 5일 때 다음 연산을 수행하는 프로그램을 작성하고 그 결과를 적으시오.

연산	결과
b += 2	
b -= 3	
b *= 4	
b /= 3	

7. b = 2일 때 다음 연산을 수행하는 프로그램을 작성하고 그 결과를 적으시오.

연산	결과
b += 2	
b -= 3	
b *= 4	
b /= 3	

8. b = 4일 때 다음 연산을 수행하는 프로그램을 작성하고 그 결과를 적으시오.

연산	결과
b += 2	
b -= 3	
b *= 4	
b /= 3	

9. 다음 프로그램을 실행하였을 때의 결과를 적으시오.

```
text = "I love Python"
check = "love" in text
print(check)
```

10. 다음 프로그램을 실행하였을 때의 결과를 적으시오.

```
text = "I love Python"
check = "boring" in text
print(check)
```

CHAPTER 03

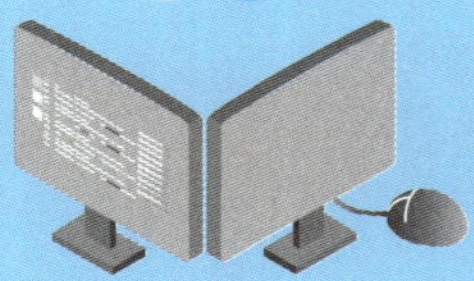

리스트 및 투플

3.1 리스트

- 리스트list는 파이썬에서 가장 많이 사용되는 데이터 관련 도구이다.
- 함수의 반환 값 등에는 리스트와 비슷하지만 특성이 다른 투플tuple이 사용된다.
- 리스트와 투플은 다양한 성분을 담을 수 있는 그릇과 같으며 다양한 형식의 자료를 넣을 때 사용되는 편리한 구조이다.

다음 예에서는 hero라는 리스트에 문자열 'Iron Man'을 할당하는 방법을 설명하고 있다.

```
hero = []
hero = ['Iron Man']
print(hero)
```

이 프로그램에서는 hero = []로 하여 먼저 비어있는 리스트를 만들고 hero에 'Iron Man'이라는 문자열을 저장한다. 리스트에서는 [] 기호를 사용하여 각 요소를 담는다. 이 프로그램을 실행하면 다음과 같은 결과를 얻는다.

```
['Iron Man]
```

리스트에 요소 추가하기

리스트에는 다음과 같이 다수의 문자열도 저장할 수 있다.

```
heros = []
heros = ['Iron Man', 'Thor', 'Black Widow']
print(heros)
```

이 프로그램에서는 리스트를 초기화한 후 heros에 다음과 같이 세개의 문자열을 한꺼번에 저장하였다. 이 프로그램을 실행하면 다음과 같은 결과를 얻는다.

```
['Iron Man', 'Thor', 'Black Widow']
```

heros 리스트에 'Captain America 요소를 추가하고 싶은 경우는 append()를 사용하여 다음과 같은 방식으로 하면 된다.

```
heros.append('Captain America')
print(heros)
```

이 프로그램을 수행하면 모두 네개의 요소가 의도한 바와 같이 heros에 저장되었음을 확인할 수 있다.

```
['Iron Man', 'Thor', 'Black Widow', 'Captain America']
```

리스트에 요소 삭제하기

리스트의 요소를 삭제하고자 할 때는 remove()를 다음과 같이 사용한다.

```
heros.remove('Thor')
print(heros)
```

이 프로그램을 실행하면 다음과 같이 'Thor'이 리스트 heros에서 삭제되었음을 확인할 수 있다.

```
['Iron Man', 'Black Widow','Captain America']
```

리스트에 요소 불러오기

리스트에 있는 특정한 요소를 불러와서 사용할 수 있다. 현재 리스트 heros에 ['Iron Man', 'Black Widow','Captain America']가 저장되어 있다고 할 때, 'Black Widow'를 불러오기 위해서는 다음과 같이 한다.

```
print(heros[1])
```

여기서 heros[1]는 리스트 heros에서 두 번째 요소를 불러오는 것을 의미한다. 파이썬에서는 모든 지수를 0으로부터 시작하기 때문에 두 번째 요소를 지칭하기 위해서는 인덱스를 1로 하여야 함을 유의해야 한다. 이 프로그램을 수행하면 다음과 같다.

```
['Black Widow']
```

3.2 리스트와 객체의 개념

- 파이썬은 객체 지향적인 환경OOP: Object-Oriented Programming을 구현하기 때문에 데이터에 대한 작업도 이 방식을 적용한다.
- 객체에 대한 작업은 방법methods을 사용하는 것과 함수functions를 사용하는 것으로 나뉜다.
- 파이썬에서는 리스트도 객체의 하나로 간주하기 때문에 방법과 함수를 사용하여 필요한 작업을 수행할 수 있다.

리스트에서의 방법 사용법

리스트에서의 방법은 **객체.방법**과 같은 방식으로 사용된다. 예를 들어, **team.append()**로 사용되며 여기서 **team**은 객체object이고 **append()**는 방법method이다. 다음은 리스트에서 사용되는 몇 가지의 방법을 정리한 것이다.

방법(methods)	내용	예
append()	요소를 끝에 추가	team.append("and")
insert()	요소를 원하는 위치에 추가	team.insert(0,"you")
reverse()	역순으로	team.reverse()
remove()	요소를 제거	team.remove("and")
sort()	순서대로	team.sort()
count()	요소의 갯수	tema.count("me")

다음은 위의 표에서 언급한 방법들을 프로그램으로 작성한 것이다. 먼저, 요소 and를 넣어서 리스트 team을 만든다. 이번에는 append() 방법을 사용하여 you를 리스트에 추가하여 결과를 확인한다.

```
team = ["and"]
team.append("you")
print(team)
```

결과는 다음과 같다.

```
['and', 'you']
```

리스트 team에는 두 개의 요소 and와 you가 들어가 있다. 리스트에서 원하는 위치에 요소를 추가하고 싶은 경우는 insert() 방법을 사용한다. team.insert(0,"me")는 리스트의 제일 앞에 me를 추가하는 것이다.

```
team.insert(0,"me")
print(team)
```

결과는 다음과 같다.

```
['me', 'and', 'you']
```

리스트에서 요소의 순서를 역순으로 돌리고 싶을 때는 reverse() 방법을 사용한다.

```
team.reverse()
print(team)
```

결과는 다음과 같다.

```
['you', 'and', 'me']
```

요소를 제거하고 싶을 경우는 remove() 방법을 적용한다.

```
team.remove("and")
print(team)
```

알파벳이나 숫자 요소를 크기 순서대로 배열하고자 할 때는 sort() 방법을 사용한다.

```
team.sort()
print(team)
```

결과는 다음과 같다.

```
['me', 'you']
```

리스트에서 특정 요소의 개수를 알고 싶을 때는 team.count("me") 와 같이 하면 된다.

```
print(team.count("me"))
```

결과는 다음과 같다.

```
1
```

위에서 소개한 내용은 방법methods에 속하므로 **리스트.방법**의 형식으로 사용해야 함을 유의한다.

리스트에서의 함수 사용법

리스트에 적용되는 함수 중 자주 사용되는 것은 다음과 같으며 형태는 위에서 언급한 방법methods과 유사하나 적용 방식이 다름을 유의해야 한다.

함수	내용	예
abs()	절댓값	abs(-3)
int()	정수로의 변환	int(9.7)
max()	최댓값 찾기	max(a)
min()	최솟값 찾기	min(a)
pow()	승수 계산 2^4	pow(2,4)
round()	반올림	round(5.821)

다음은 리스트에 대한 다양한 함수의 사용에 대한 예제 프로그램과 수행 결과이다. 절댓값의 결과는 다음과 같다.

```
a = abs(-3)
print(a)
```

결과:

```
3
```

정수로의 변환은 다음과 같이 한다.

```
i = int(9.7)
print(i)
```

결과:

```
9
```

리스트 alist = [3,8,7,2]에서의 최댓값은 다음과 같이 찾을 수 있다.

```
alist = [3,8,7,2]
mx = max(alist)
print(mx)
```

결과:

```
8
```

리스트 alist = [3,8,7,2]에서의 최솟값은 다음과 같이 구할 수 있다.

```
mi = min(alist)
print(mi)
```

결과:

```
2
```

승수는 다음과 같이 계산된다.

```
pw = pow(2,4)
print(pw)
```

결과:

```
16
```

반올림은 다음과 같다.

```
rd = round(5.821)
print(rd)
```

결과:

```
6
```

3.3 투플

투플tuple은 리스트와는 달리 포함된 요소를 바꿀 수 없는 데이터 형식을 의미한다. 투플은 리스트와 마찬가지로 순서대로 표시된 개체이며 () 기호를 써서 표시한다. 다음의 예에서 투플의 정의와 항목을 찾아내는 과정을 여주고 있다.

```
uple_1 = ("I","love","Python")
tuple_2 = (30,60,100,3000)
print(tuple_1[1])
print(tuple_2[2])
```

이 프로그램을 실행하면 tuple_1[1]와 tuple_2[2]의 내용이 다음과 같이 나온다. 즉, tuple_1에서 두 번째 요소와 tuple_2에서 세 번째 요소를 각각 출력한다.

```
love
100
```

투플에서는 각 요소의 내용을 변경하는 것이 불가능하다. 이번에는 결과가 ['I', 'love', 'Python', 3000]와 같이 나올 수 있도록, 프로그램을 작성해 보기로 한다. 다음 프로그램에서는 투플 tuple_2의 4번째 요소인 3000을 변수 end에 저장하고, 그것을 다시 tuple_1의 4번째 항목으로 추가하는 작업을 설명하고 있다. 즉, tuple_1의 맨 끝에 있는 요소 10을 tuple_2에 있는 요소 3000으로 바꾸기 위한 시도이다.

```
tuple_1 = ("I", "love", "Python", 10)
tuple_2 = (30,60,100,3000)
end = tuple_2[3]
tuple_1[3] = end
```

그러나 이 프로그램을 실행시키면 앞서 사용하였던 리스트와 유사한 결과를 기대하였으나, 다음과 같은 오류 메시지가 출력되며, 그 내용은 투플의 내용을 변경시키지 못한다는 내용이다.

```
TypeError: 'type' object does not support item assignment
```

이번에는 동일한 내용을 리스트 **list_1**, **list_2**를 사용하여 다음과 같이 프로그램을 작성하였다.

```
list_1 = ["I","love","Python",10]
list_2 = [30,60,100,3000]
end = list_2[3]
list_1[3] = end
print(list_1)
```

이 프로그램을 실행시키면 다음과 같은 결과를 얻을 수 있으며, 투플과 달리 리스트에서는 요소의 성분을 바꿀 수 있음을 알 수 있다.

```
['I', 'love', 'Python', 3000]
```

3.4 Quiz

1. 리스트에서의 방법과 함수의 차이점을 설명하시오.
2. 리스트와 투플의 차이점을 설명하시오.
3. 5, 1, 4, 2, 3를 요소로 가지는 numbers 리스트를 작성하시오.
    - 최댓값과 최솟값을 찾는 프로그램을 작성하시오.

- 크기 순서대로 배열하는 프로그램을 작성하시오.

4. 99, 123, 23, 31, 49, 57를 요소로 가지는 numbers 리스트를 작성하시오.
    - 최댓값과 최솟값을 찾는 프로그램을 작성하시오.
    - 크기 순서대로 배열하는 프로그램을 작성하시오.

5. 리스트 py를 만들고
    - append 방법으로 Python, is, fun을 추가하시오.
    - remove 방법으로 is를 제거하시오.
    - insert 방법으로 is를 원래의 자리에 위치시키시오.

6. 리스트 jd를 만들고
    - append 방법으로 return, of, Jedi을 추가하시오.
    - remove 방법으로 of를 제거하시오.
    - insert 방법으로 of를 원래의 자리에 위치시키시오.

7. 쇼핑한 물건을 담을 수 있는 카트를 프로그램으로 형상화 시키고자 한다. shop을 리스트로 정의하고 다음과 같이 구입한 물건이 차례로 출력되도록 프로그램을 작성하시오.

```
['milk']
['milk', 'water', 'snack']
['milk', 'water', 'snack', 'milk']
['water', 'snack', 'milk']
```

8. things을 리스트로 정의하고 다음과 같이 동물의 이름이 차례로 출력되도록 프로그램을 작성하시오.

```
['dog']
['dog', 'cat', 'cow']
['dog', 'cat', 'cow', 'fox']
['dog', 'cat', 'fox']
```

CHAPTER 04

인덱스와 잘라내기

4.1 Zero 인덱스 형식과 불러내기

파이썬에서 자주 사용되는 문자열, 리스트, 투플 등은 원하는 위치에 있는 요소들을 따로 잘라내어 사용할 수 있다. 예를 들어, 문자열 `The last Jedi`에서 첫 번째 문자부터 5번째 문자들까지에 해당하는 부분만 선택하여 잘라내는 경우나 문자열에서 네 번째 문자를 찾아내는 일등은 흔하게 사용된다. 파이썬에서는 인덱스에 대한 다음과 같은 규칙이 적용된다.

- 파이썬에서의 문자열, 리스트, 투플 등은 모두 `0`으로 시작하는 인덱스를 갖는다.
- 그러므로 인덱스는 제일 앞자리에 있는 항목이 `1`이 아닌 `0`이라는 점을 유의해야 한다.
- 인덱스는 `0`부터 시작해서 위치에 따라서 증가하는 형태를 가지고 있으며 다음의 문자열에서 확인할 수 있다.

T	h	e		l	a	s	t		J	e	d	i
0	1	2	3	4	5	6	7	8	9	10	11	12

그러므로, 인덱스를 사용하여 문자열내에서 원하는 위치에 있는 문자만을 추출할 수 있다. 다음 프로그램은 위의 표에 있는 문자열을 **jedi**로 설정하고 인덱스가 0, 4, 7일 때의 문자를 출력하는 것이다.

```
jedi = "The last Jedi"
print(jedi[0])
print(jedi[4])
print(jedi[7])
```

이 프로그램을 실행하면 다음과 같은 결과를 얻는다. 공백인 부분도 위치를 정할때 계수되는 것을 유의해야 한다.

```
T
l
t
```

만일 문자열 크기를 넘어가는 인덱스를 사용한 경우는 오류가 발생한다. 다음 프로그램에서는 마지막 인덱스가 12인 **jedi** 문자열에서 인덱스 14에 있는 내용을 불러오려고 하는 것이다.

```
jedi = "The last Jedi"
print(jedi[14])
```

이 프로그램을 실행하면 다음과 같이 인덱스 범위를 넘어섰다는 오류 문이 나온다.

```
IndexError: string index out of range
```

리스트의 크기는 **len** 함수를 사용하여 구한다. 리스트 **jedi**의 크기를 계산하기 위해서 다음과 같이 한다.

```
print(len(jedi))
```

프로그램을 수행하면 다음과 같으며 리스트 **jedi**는 13개의 요소를 저장하고 있음을 알 수 있다.

```
13
```

그러므로 인덱스는 0에서 시작하여 12에서 끝난다는 것을 유의해야 한다.

4.2 인덱스로 잘라내기

잘라내기slice는 문자열에서 특정한 부분만을 선택하여 그에 해당하는 내용을 가지고 오는 것을 의미한다. 잘라내기의 형식은 **[시작:끝]**으로 규정되는데, 단, 시작점은 포함되고 끝점은 포함되지 않음을 유의한다. 다음 프로그램에서는 문자열에서 원하는 부분을 잘라내게 하는 내용을 보여주고 있다.

```
jedi = "The last Jedi"
print(jedi[4:8])
print(jedi[9:13])
```

여기서 **jedi[4:8]**는 인덱스가 4에서 7까지이며 (8은 포함되지 않음에 유의) 해당하는 부분에 대해 잘라내기를 수행하는 명령이다. 또한, **jedi[9:13]**은 인덱스가 9에서 12까지에 해당하는 부분을 잘라내는 것이다.

T	h	e		l	a	s	t		J	e	d	i
0	1	2	3	4	5	6	7	8	9	10	11	12

위의 표를 참고하면서 아래의 두 결과를 보면 잘라내기의 특성을 잘 이해할 수 있으리라고 생각한다.

```
last
Jedi
```

한편, 잘라내기에서 [시작:끝:간격]와 같이 간격stride을 사용하면 정해진 만큼 건너뛰면서 해당하는 문자를 가져올 수 있다.

```
jedi = "The last Jedi"
print(jedi[0:8:2])
print(jedi[1:13:2])
```

여기서 `jedi[0:8:2]`는 인덱스가 0부터 시작하여 7까지를 잘라내게 할 때 하나 걸러 하나씩을 취하라는 명령어이다. 또한, `jedi[1:13:2]`는 인덱스가 1부터 시작하여 12까지를 잘라내게 할 때 하나 걸러 하나씩을 취하는 것이다.

```
Tels
h atJd
```

다음에 보이는 예는 인덱스가 생략된 경우이다. 즉, `jedi[::2]`은 시작점과 끝점이 생략되었고 간격만 2로 정해져 있다. 이런 경우는 주어진 문자열의 전 영역을 의미하고 하나 걸러 하나씩을 취하는 것으로 귀결된다.

```
jedi = "The last Jedi"
print(jedi[::2])
```

이 프로그램을 실행시키면 결과는 다음과 같다.

```
Tels ei
```

4.3 음의 인덱스

인덱스는 양의 부호를 사용하는 것이 일반적이지만 파이썬에서는 필요에 따라 음의 부호를 사용하기도 한다. 음의 인덱스는 아래 표와 같이 가장 끝에 있는 문자의 인덱스를 −1로 하여 역순으로 번호가 음의 값으로 증가하는 형식으로 정의된다.

T	h	e		l	a	s	t		J	e	d	i
−13	−12	−11	−10	−9	−8	−7	−6	−5	−4	−3	−2	−1

다음 프로그램에서는 문자열에 음의 인덱스를 사용한 경우의 결과를 알려주고 있다. **jedi[-1]**은 맨 마지막 문자 **i**를 보여주고, **jedi[-4]**는 뒤에서 4번째 문자인 **J**를 의미한다. 같은 방식으로 **jedi[-7]**는 뒤로부터 7번째의 문자인 **s**를 지칭한다.

```
jedi = "The last Jedi"
print(jedi[-1])
print(jedi[-4])
print(jedi[-7])
```

이 프로그램을 수행한 결과는 다음과 같다.

```
i
J
s
```

다음 프로그램은 jedi[-5:-2]로서, 음의 인덱스에서도 양의 인덱스의 경우와 같이 시작점은 포함되나 끝점은 포함되지 않는다.

```
jedi = "The last Jedi"
print(jedi[-4:-2])
```

이 프로그램을 실행하면 다음과 같은 결과를 얻는다. 결과의 내용이 직관적으로 눈에 들어오지는 않지만 차분하게 음의 인덱스가 의미하는 바를 고려해보기 바란다.

```
Je
```

양의 인덱스와 마찬가지로 음의 인덱스에서도 시작점과 끝점이 생략된 경우를 가정할 수 있다. jedi[::-1]에서는 시작점과 끝점이 생략되었고 간격을 -1로 하였으므로 문자열 전체를 역순으로 나열한 결과를 주게 된다.

```
jedi = "The last Jedi"
print(jedi[::-1])
```

이 프로그램을 수행한 결과는 다음과 같다.

```
ideJ tsal ehT
```

4.4 다양한 인덱스

다음은 주어진 문자열에 대하여 다양한 인덱스의 조합에 관한 결과를 보여주고 있다.

T	h	e		l	a	s	t		J	e	d	i
0	1	2	3	4	5	6	7	8	9	10	11	12

주어진 문자열에 대한 잘라내기의 결과는 다음과 같다. 결과를 세심하게 살펴보면 각각의 인덱스 기호가 의미하는 바를 어렵지 않게 이해할 수 있을 것이다.

잘라내기(slice)	결과
jedi[:]	The last Jedi
jedi[:3]	The
jedi[:-1]	The last Jed
jedi[4:]	last Jedi
jedi[-4:]	Jedi
jedi[4:8]	last
jedi[9:-1]	Jed
jedi[-4:-1]	Jed

4.5 Quiz

1. 문자열 back = "The empire strikes back"에서 다음 명령을 수행하

였을 때의 결과를 적으시오.

잘라내기(slice)	결과
`back[:]`	
`back[:3]`	
`back[:-1]`	
`back[4:]`	
`back[-4:]`	
`back[4:8]`	
`back[9:-1]`	
`back[-4:-1]`	

2. 문자열 `ret = "Return of the Jedi"`에서 다음 명령을 수행하였을 때의 결과를 적으시오.

잘라내기(slice)	결과
`ret[:]`	
`ret[:3]`	
`ret[:-1]`	
`ret[4:]`	
`ret[-4:]`	
`ret[4:8]`	
`ret[9:-1]`	
`ret[-4:-1]`	

3. 문자열 `attack = "Attack of the clones"`에서 다음 명령을 수행하였을 때의 결과를 적으시오.

잘라내기(slice)	결과
attack[:]	
attack[:3]	
attack[:-1]	
attack[4:]	
attack[-4:]	
attack[4:8]	
attack[9:-1]	
attack[-4:-1]	

4. 문자열 `force = "The force awakens"`에서 다음 명령을 수행하였을 때의 결과를 적으시오.

잘라내기(slice)	결과
force[:]	
force[:3]	
force[:-1]	
force[4:]	
force[-4:]	
force[4:8]	
force[9:-1]	
force[-4:-1]	

5. 문자열 hope = "A new hope"에서 다음 명령을 수행하였을 때의 결과를 적으시오.

잘라내기(slice)	결과
hope[:]	
hope[:3]	
hope[:-1]	
hope[4:]	
hope[-4:]	
hope[4:8]	
hope[5:-2]	
hope[-4:-1]	

6. 문자열 love = "We love to learn it" 에서 다음 명령을 수행하였을 때의 결과를 적으시오.

잘라내기slice	결과
love[:]	
love[:3]	
love[:-1]	
love[4:]	
love[-4:]	
love[4:8]	
love[5:-2]	
love[-4:-1]	

CHAPTER 05

출력형식 알아보기

5.1 3가지 출력형식

프로그램을 통해서 얻은 결과는 화면이나 인쇄물로 출력해야 볼 수 있으므로 출력물을 보기 좋게 만드는 것은 좋은 결과를 얻는 것과 마찬가지로 중요하다. 여기서는 간단한 예로서 name 변수에 HAL이라는 컴퓨터 이름을 저장해서 출력하는 프로그램을 만들고자 한다. 파이썬에서 제공하는 출력형식은 크게 다음과 같은 세 가지 형식으로 주어진다.

- `name = 'HAL'`
- 고전적인 % 형식: `print("This is an AI computer %s" % name)`
- str.format 형식: `print("This is an AI computer {}".format(name))`
- f-string 형식: `print(f"This is an AI computer {name}")`

위의 3가지 형식 모두 `This is an AI computer HAL`과 같은 결과를 출력한다.

- 파이썬에서는 출력을 위해서 % 형식을 주로 사용해왔으나 복잡한 형태의 출력을 하는 경우는 출력문 자체가 복잡해져서 해독하기가 어려워지는 문제가 있었다.
- 이러한 문제점을 줄이기 위해서 `str.format()` 형식이 도입되었으나 이 방식도 다수의 출력 요소들을 적절한 위치에 배치하는 데 있어서 혼란을 주기도 한다.
- 최신의 파이썬 버전에서는 f–문자열f-strings 형식이 새로이 소개되었다.[4] 새로운 출력형식은 이전의 형식들과 비교해서 해독성과 가시성이 나아졌고, 실행 속도도 빨라진 것으로 보고되고 있다.

이번 장에서는 독자들의 편의를 위해서 세 가지의 출력형식을 모두 소개하기로 한다. 왜냐하면, 기존의 프로그램에서는 고전적인 출력형식으로 표시된 경우가 많고, 분야에 따라서 `str.formt()`도 사용되고 있으나 이 책에서는 독자들에게 새롭게 소개된 f–문자열 형식을 권장하는 방향으로 나아가고자 한다.

5.2 고전적인 % 형식

다음 프로그램에서는 문자열 및 숫자 변수들을 별다른 형식 없이 가장 기본적인 형태로 출력한다.

```
msg = "Math calculation:"
x = 1
y = 3.0
z = x / y
print(msg)
print("x = ", x)
```

[4] 현재 자신이 사용하는 파이썬의 버전을 확인하고 3.6 미만이면 상위 버전으로 업그레이드하는 것을 권한다.

```
print("y = ", y)
print("z = ", z)
```

이 프로그램을 실행하면 다음과 같은 결과를 얻을 수 있으나 시각적으로 보기에 좋지 않으므로 고전적인 % 출력형식을 사용하여 고쳐보기로 한다.

```
Math calculation:
x =  1
y =  3.0
z =  0.3333333333333333
```

변환기호 사용

다음 프로그램에서는 % 출력형식을 사용하여 결과를 얻는 방법을 보여주고 있다.

```
msg = "Math calculation:"”
x = 1
y = 3.0
z = x / y
print("Title: %s" % msg)
print("x = %3d" % x)
print("y = %5.2f" % y)
print("x / y = %6.4f" % z)
print("x / y = %.4e" % z)
```

이 프로그램을 실행하면 결과는 다음과 같다. 앞에서 아무런 형식 없이 출력하였을 때와 비교해보면 보다 정돈된 느낌을 받을 수 있다.

```
Title: Math calculation:
x =   1
y =  3.00
x / y = 0.3333
x / y = 3.3333e-01
```

이 프로그램에서 사용된 %3d, %6.4f 등에서 d와 f를 변환자conversion라고 하며 실수일 때 숫자는 전체 자릿수와 소수점 자릿수를 각각 의미한다. 예를 들어, %3d는 정수integer를 위한 3자리를 확보하고, %6.4f는 실수float를 위한 6자리 확보 후 그중에서 4자리를 소수점을 위한 자리로 할당하는 것을 의미한다. 다른 변환들이 있으나 여기서는 가장 많이 사용되는 정수, 실수, 및 문자열, 그리고 공학변환만을 다음 표에서 정리하여 보였다.

변환	내용
d	정수
f	실수
s	문자열
c	문자
e	공학용 표기

한편, 문자열과 숫자 등이 있는 두 개 이상의 항목을 동일 선상에서 출력하고자 하는 경우는 다음과 같이 할 수 있다.

```
computer ="HAL"
id = 9000
print("Hello, my name is %s%d." % (computer, id))
```

여기서 사용된 (computer, id)는 투플로서 computer은 %s에 id는 %d에 각각 할당되었음을 알 수 있다. 이 프로그램을 실행하면 결과는 다음과 같다.

```
Hello, my name is HAL9000.
```

만일 출력형식이 조금 더 복잡한 경우에는 %가 포함된 출력문을 읽고 이해하기가 불편하게 된다. 다음 프로그램은 3개의 변수 x, y, z를 형식에 맞추어 출력하는 내용이다.

```
x = 5
y = 3.5630
z = x + y
print("Answer is %2d + %6.4f = %6.4f" % (x,y,z))
```

이 프로그램을 실행하면 결과를 통해서 투플 (x,y,z)은 각각 %2d, %6.4f, %6.4f에 차례로 할당되어 변환되었음을 알 수 있다.

```
Answer is  5 + 3.5630 = 8.5630
```

5.3 str.format 형식

다음 프로그램에서는 str.format 출력형식을 사용하는 법을 보여주고 있다. 이 형식은 {}을 사용하여 출력하고자 하는 내용의 자리를 정하고 변환을 인자로 사용하는 방법을 취하고 있다. 또한 .format(변수명)을 사용하여 출력하고자 하는 변수명을 써넣는다.

```
msg = "Math calculation:"
x = 1
y = 3.0
z = x / y
print("Title: {}".format(msg))
print("x = {}".format(x))
print("y = {:.2f}".format(y))
print("x / y = {:.4f}".format(z))
print("x / y = {:e}".format(z))
```

이 프로그램의 실행 결과는 다음과 같다.

```
Title: Math calculation:
x =   1
y =  3.00
x / y = 0.3333
x / y = 3.3333e-01
```

한편, 문자열과 숫자 등이 있는 두 개 이상의 항목에 대한 출력은 다음과 같이 수행할 수 있다.

```
computer ="HAL"
id = 9000
print("Hello, my name is {:s}{:d}.".format(computer, id))
```

이 프로그램을 실행하면 결과는 다음과 같다.

```
Hello, my name is HAL9000.
```

여기서 (computer, id)는 투플의 형식으로 사용되었다. 조금 더 복잡한 구조일 때 다음과 같이 출력형식을 구성한다.

```
x = 5
y = 3.5630
z = x + y
print("Answer is {:2d} + {:6.4f} = {:6.4f}".format(x,y,z))
```

여기서는 투플 (x,y,z)은 각각 :2d, :6.4f, :6.4f에 차례로 할당되어 변환되었음을 알 수 있으며 출력 결과는 다음과 같다.

```
Answer is  5 + 3.5630 = 8.5630
```

5.4 f-문자열 형식

다음 프로그램에서는 f-문자열[f-strings] 출력형식을 사용하는 방법을 보여주고 있다. 이 형식에 있어서 앞에서 설명한 형식들과 크게 다른 점은 없다. 그러나 프로그램에서 보는 바와 같이 출력형식을 간략하게 만드는 것이 가능하게 되어 전체 내용을 더욱 쉽게 파악할 수 있게 되었다.

```
msg = "Math calculation:"
x = 1
y = 3.0
z = x / y
print(f"Title: {msg}")
print(f"x = {x}")
print(f"y = {y:.2f}")
```

```
print(f"x / y = {z:.4f}")
print(f"x / y = {z:e}")
```

이 프로그램의 실행결과는 다음과 같다.

```
Title: Math calculation:
x = 1
y = 3.00
x / y = 0.3333
x / y = 3.333333e-01
```

문자열과 숫자 등이 섞여 있는 항목에 대한 출력은 다음과 같이 수행할 수 있다.

```
computer ="HAL"
id = 9000
print(f"Hello, my name is {computer}{id}.")
```

이 프로그램을 실행하면 결과는 다음과 같다.

```
Hello, my name is HAL9000.
```

조금 더 복잡한 출력일 때 다음과 같이 작성할 수 있다.

```
x = 5
y = 3.5630
z = x + y
print(f"Answer is {x:2d} + {y:6.4f} = {z:6.4f}")
```

이 프로그램을 수행하면 결과는 다음과 같다.

```
Answer is  5 + 3.5630 = 8.5630
```

5.5 Quiz

1. pi = 3.141592에서 소수점 2자리까지만 출력하는 프로그램을 % 형식을 사용하여 작성하시오.

2. pi = 3.141592에서 소수점 2자리까지만 출력하는 프로그램을 str.format 형식을 사용하여 작성하시오.

3. pi = 3.141592에서 소수점 2자리까지만 출력하는 프로그램을 f-문자열 형식을 사용하여 작성하시오.

4. 출력을 %형식으로 하여 text ="Love python", n = 3000을 조합하여 "Love python 3000"와 같이 결과가 되게 하시오.

5. 출력을 str.format 형식으로 하여 text ="Love python", n = 3000을 조합하여 "Love python 3000"와 같이 결과가 되게 하시오.

6. 출력을 f-문자열 형식으로 하여 text ="Love python", n = 3000을 조합하여 "Love python 3000"와 같이 결과가 되게 하시오.

7. 세개의 변수 x, y, z를 사용하여 다음과 같이 결과물이 나오게 하되 %형식을 사용하시오.

```
9.1 + 11.268 = 20.368
```

8. 세개의 변수 x, y, z를 사용하여 다음과 같이 결과물이 나오게 하되 str.format 형식을 사용하시오.

```
9.1 + 11.268 = 20.368
```

9. 세개의 변수 x, y, z를 사용하여 다음과 같이 결과물이 나오게 하되 f-문자열 형식을 사용하시오.

```
9.1 + 11.268 = 20.368
```

CHAPTER

06

조건문 만들기

6.1 참과 거짓

내일은 비가 올 것인가? 이 질문에 대해서는 적당한 조건을 만들어 주어야만 대답할 수 있다. 예를 들어, 습도가 60%를 넘고 저기압이 형성되어 있다는 조건들이 필요하다. 프로그램에서 사용되는 조건은 오직 참true과 거짓false의 두 가지로만 나뉘며 그 중간은 없다. 즉, 53%의 진실이나, 78%의 거짓이라는 통계학적인 명제는 프로그래밍에서의 조건문에는 일반적으로 사용되지 않는다. 그러므로 애매한 중간이라든가 참도 아니고 거짓도 아닌 상태는 현재로서는 컴퓨터에 직접적으로 적용될 수 없다.

파이썬에서 조건을 참과 거짓으로 판단하게 만드는 문장은 `if`로 시작하며 그 다음에 참과 거짓에 관련된 조건문이 따라온다. 다음 표에서는 다양한 조건문을 만들 때는 사용하는 기호들을 정리하여 보였다.

기호	내용	사용 예
==	같다	x == 3
>	크다	x > 3
<	작다	x < 3
>=	크거나 같다	x >= 3
<=	작거나 같다	x <= 3
!=	같지 않다.	x != 3

또한 조건이 둘 이상일때는 다음과 같이 and와 or을 사용할 수 있다.

기호	내용	사용 예
and	그리고	x < 3 and y == 9
or	또는	x > 3 or y < 9

조건문에서 유의해야 할 점은 x = 3과 x == 3의 차이점을 이해하는 것이다. 전자는 x라는 변수에 3을 대입(할당)하는 것이며, 후자는 x가 3과 같은가를 결정짓는 조건문이다. 예를 들어 x = 5가 프로그램에서 실행되었다면 x == 3는 거짓으로 판정될 것이다. 조건문에서는 주어진 명제가 참인가 거짓인가를 판단하여 그 결과를 보여준다. 예를 들어, 다음 프로그램에서는 x가 300보다 큰가?(if x > 300)에 대한 내용이 참이면 그 이하의 내용을 실행하고 거짓이면 실행하지 않는다.

```
x = 400
if x > 300:
    print("True")
```

이 프로그램을 실행하면 x = 400로 인해서 400이 이미 할당되어 있으므로 조건문 내용이 참이 되어 결과는 다음과 같다.

```
True
```

다음은 times에 대한 (if times == 3000) 조건을 알아보는 프로그램이다.

```
times = 3000
if times == 3000:
    print("True")
```

이 프로그램을 실행하면 times = 3000으로 이미 할당되어 조건문이 참이 되므로 다음과 같은 결과를 출력한다. 반면에, 조건문이 거짓이면 아무것도 출력되지 않을 것이다.

```
True
```

6.2 놀이공원 입장권 계산기

조건문을 작성하는 연습을 하기 위해서 놀이공원 입장권을 가격을 계산해주는 프로그램을 생각해 보기로 한다. 즐거운 놀이공원에서 나이에 따라 다른 가격의 입장권을 팔고 있으며, 다음의 표에서 볼 수 있듯이 0~12세까지는 1000원, 65세 이상은 무료, 그 외에는 3000원이다.

age	price
12세 이하	1000원
13~64세	3000원
65세 이상	0원

위의 내용을 조건문으로 만들어 정의하기 위해서 다음과 같이 구간별로 구분하여 표시할 수 있다.

age	code	price
12세 이하	age <= 12	1000원
13~64세	age > 12 and age < 65	3000원
65세 이상	age >= 65	0원

위의 조건을 구현하기 위해서는 기본적으로 세 개의 **if**가 이끄는 조건문이 필요하다고 생각되며 다음과 같이 프로그램을 작성할 수 있다.

```
if age <= 12:
    print('1000 원')
if (age > 12) and (age < 65):
    print('3000 원')
if age >= 65:
    print('0 원')
```

작성된 프로그램의 유효성을 검증하기 위해서 23세, 11세, 67세로 나이를 입력하였을 때의 결과를 알아보기로 한다.

- 나이가 23세라면 입장권의 가격은 얼마인가?

```
age = 23
if age <= 12:
    print('1000 원')
if (age > 12) and (age < 65):
    print('3000 원')
if age >= 65:
    print('0 원')
```

이 프로그램을 실행하면 결과는 다음과 같으며 계산이 올바로 되었음을 알 수 있다.

```
3000 원
```

- 나이가 11세라면 입장권의 가격은 얼마인가?

```
age = 11
if age <= 12:
    print('1000 원')
if (age > 12) and (age < 65):
    print('3000 원')
if age >= 65:
    print('0 원')
```

이 프로그램을 실행하면 결과는 다음과 같으며 계산이 올바로 되었음을 알 수 있다.

```
1000 원
```

- 나이가 67세라면 입장권의 가격은 얼마인가?

```
age = 67
if age <= 12:
    print('1000 원')
if (age > 12) and (age < 65):
    print('3000 원')
if age >= 65:
    print('0 원')
```

이 프로그램을 실행하면 결과는 다음과 같으며 계산이 올바로 되었음을 알 수 있다.

```
0 원
```

위에서 if를 사용하여 조건문으로 작성한 프로그램을 실행하여 나이에 따라 달라지는 즐거운 놀이공원 입장권의 가격이 모두 올바로 출력됨을 확인할 수 있었다.

6.3 다른 구조의 조건문 사용하기

- 위에서는 조건을 구현하기 위해서 **if**만을 사용하였다. 작성된 프로그램이 잘 작동하기는 하지만 보다 복잡한 조건을 만들어내기 위해서는 다른 구조를 사용할 필요도 있다.
- 예를 들어, 두 가지 조건을 판별해야 할 필요가 있다면 두 개의 **if**를 각각 사용하기보다는 **if-else** 구조를 사용하는 것이 편리할 때도 있다.
- 또한, 더 복잡한 조건문의 경우에는 **if-elif-else**와 같은 구조도 사용할 수 있다.
- **if**, **elif**, **else** 등을 사용하여 조건문을 작성하였을 때 **:** 으로 끝내야 함을 유의한다.

if-else 구조

앞에서 언급하였던 즐거운 놀이공원 입장권 가격 문제를 다시 한번 생각해 보기로 한다. 이번에는 나이에 따른 분류가 세 가지가 아닌 두 가지, 소인(1000원)과 대인(3000원)으로만 구분한다고 가정한다. 즉, 소인은 12세 이하이며 대인은 나머지 경우라고 본다. 따라서 다음과 같이 프로그램을 작성할 수 있다.

```
if age <= 12:
    print('1000 원')
```

```
else:
    print('3000 원')
```

이번에는 **if**만을 사용한 것이 아니라 **if-else** 구조를 사용하였다.

```
age = 23
if age <= 12:
    print('1000 원')
else:
    print('3000 원')
```

나이가 23세인 경우는 이 프로그램을 실행시키면 다음과 같은 결과를 얻게 된다.

```
3000 원
```

나이가 11세인 경우는 다음과 같다.

```
age = 11
if age <= 12:
    print('1000 원')
else:
    print('3000 원')
```

이 프로그램을 실행하면 다음과 같은 결과를 얻는다.

```
1000 원
```

위의 결과로부터 **if-else**를 사용한 이 프로그램에서는 의도한 대로 소인과 대인 구분이 잘 작동하고 있음을 볼 수 있다.

if-elif-else 구조

앞에서는 두 가지의 조건만을 사용하여 프로그램을 작성하였다. 이번에는 즐거운 놀이공원에서 처음에 기획한 대로 다음과 같이 세 분류 가격을 책정한다고 생각해 보자. 분류되는 조건이 3개 이상일 때는 **if-elif-else**구조를 사용하면 보다 간편하게 프로그램을 작성할 수 있을 때가 있다.

age	price
12세 이하	1000원
13~64세	3000원
65세 이상	무료

다음 프로그램에서는 첫 번째 부류를 12세 이하로 하여 **if**를 사용하였고 두 번째 부류를 65세 이상으로 하여 **elif**로 처리하였다. 그리고 나머지를 **else**로 하여 관리하도록 하였다.

```
if age <= 12:
    print("1000 원")
elif age >= 65:
    print("무료")
else:
    print("3000 원")
```

- 이 프로그램이 수행되는 방식은 먼저 **if**와 연결된 조건문을 검증하여 참이면 1000원을 출력하고 아니면 그다음 단계인 **elif**로 넘어간다.
- 그리고 **elif**에서 조건 **age >= 65**을 판단하여 참이면 **"무료"**를 출력하

고 거짓이면 `else` 로 넘어간다.

- 마지막으로 `else`에서는 조건과 관계없이 무조건 3000원을 출력하게 된다. 즉, `if`에서 12세 이하가 아니며, `elif`에서 65세 이상이 아닌 경우는 13~64세인 경우밖에 없으므로 해당하는 가격을 그대로 출력하게 된다.

작성된 프로그램의 유효성을 검증하기 위해서 23세, 11세, 67세로 나이를 입력하였을 때의 결과를 각각 알아보기로 한다.

- 나이가 23세인 경우

```
age = 23
if age <= 12:
    print("1000 원")
elif age >= 65:
    print("무료")
else:
    print("3000 원")
```

이 프로그램을 실행하면 결과는 다음과 같다.

```
3000 원
```

- 나이가 11세인 경우는 다음과 같다.

```
age = 11
if age <= 12:
    print("1000 원")
elif age >= 65:
    print("무료")
else:
    print("3000 원")
```

이 프로그램을 실행하면 결과는 다음과 같다.

```
1000 원
```

- 나이가 67세인 경우는 다음과 같다.

```
age = 67
if age <= 12:
    print("1000 원")
elif age >= 65:
    print("무료")
else:
    print("3000 원")
```

이 프로그램을 실행하면 결과는 다음과 같다.

```
무료
```

위의 결과로부터 프로그램이 모든 경우에 잘 작동하고 있음을 알 수 있으며 **if-elif-else**를 사용하여 **if**만을 사용하였을 때 보다 간결하게 프로그램을 작성할 수 있게 되었다.

6.4 Quiz

1. x가 60 이상이면 **"pass"**, 아니면 **"fail"**을 출력하는 프로그램을 작성하시오. 단, **if**만을 사용하고, 임의의 x값을 사용하여 프로그램의 작동 여부를 보이시오.

2. x가 80 이상이면 **"high"**, 아니면 **"low"**를 출력하는 프로그램을 작성하시오. 단, **if**만을 사용하고, 임의의 x값을 사용하여 프로그램의 작동 여부를 보이시오.

3. x가 60 이상이면 "pass", 아니면 "fail"을 출력하는 프로그램을 작성하시오. 단, **if-else** 구조를 사용하고, 임의의 x값을 사용하여 프로그램의 작동 여부를 보이시오.

4. x가 80 이상이면 "high", 아니면 "low"를 출력하는 프로그램을 작성하시오. 단, **if-else** 구조를 사용하고, 임의의 x값을 사용하여 프로그램의 작동 여부를 보이시오.

5. x가 150 이상이면 "high", 100 이상 150 미만이면 "normal", 100 미만이면 "low"를 출력하는 프로그램을 작성하시오. 단, **if**만을 사용하고, 임의의 x값을 사용하여 프로그램의 작동 여부를 보이시오.

6. x가 150 이상이면 "high", 100 이상 150 미만이면 "normal", 100 미만이면 "low"를 출력하는 프로그램을 작성하시오. 단, **if-elif-else** 구조를 사용하고, 임의의 x값을 사용하여 프로그램의 작동 여부를 보이시오

CHAPTER 07

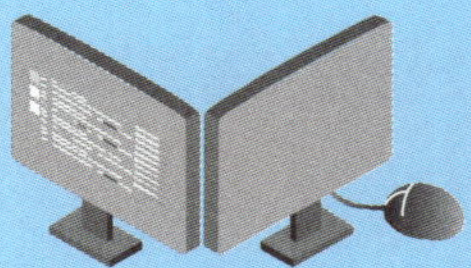

프로젝트: 판별식 계산

7.1 사용되는 프로그램 도구

이 프로젝트에서 사용하게 될 프로그램 도구는 다음과 같다.

- `if`
- `if-else`
- `if-elif-else`

7.2 판별식

이차 방정식 $ax^2 + bx + c = 0$에서 근의 종류를 파악하기 위한 판별식은 다음과 같이 주어진다.

$$d = b^2 - 4ac$$

이 프로젝트에서는 판별식의 부호에 따라서 $d > 0$이면 `"positive"`, $d < 0$이면 `"negative"`, 그리고 $d = 0$이면 `"zero"`를 출력하는 프로그램을 만들기로 한

다. 따라서, 세 개의 조건을 판별해야 하므로 여기서는 일단 세 개의 **if**를 사용하여 조건문을 작성하였다. 다음에서는 $a = 1$, $b = 4$, $c = 2$인 경우를 고려하여 프로그램을 작성하였다.

```
a = 1
b = 4
c = 2
d = b**2 - 4*a*c
if d > 0:
    print("positive")
if d < 0:
    print("negative")
if d == 0:
    print("zero")
```

이 프로그램을 실행하면 $d = 4^2 - 4 \times 1 \times 2 = 8$(positive)이므로 다음과 같이 올바른 결과를 내었음을 알 수 있다.

```
positive
```

- 즉, 첫 번째 **if**가 참이면 **positive**를 출력하고 프로그램이 끝난다.
- 만일 첫 번째 조건이 거짓으로 판명되면 두 번째 **if**로 넘어가게 된다.
- 이 프로그램에서는 이런 방식으로 최종 조건까지 진행된다.

독자들은 a, b, c의 값을 변화시켜가며 프로그램의 달라지는 결과를 확인할 수 있을 것이다. 이번에는 위 프로그램에서 처럼 3개의 **if**를 사용하는 것이 아니라, **if-elif-else** 구조를 사용하여 다음과 같이 프로그램을 수정하였다.

```
a = 3
b = 1
c = 5
d = b**2 - 4*a*c
if d > 0:
    print("positive")
elif d < 0:
    print("negative")
else:
    print("zero")
```

- 이 프로그램은 첫 번째 `if`에서의 조건 판정을 수행하고, 결과가 참이면 `positive`를 출력하고 종료한다.
- 만일 판정 결과가 거짓이면 `elif`로 넘어가서 다시 조건을 판정한다.
- 만일 이번에도 판정 결과가 거짓이면 마지막으로 `else`로 가서 조건에 상관없이 `zero`를 출력하고 종료한다.

여기서 $a = 3$, $b = 1$, $c = 5$일 때 판별식은 $d = 1^2 - 4 \times 3 \times 5 = -59$이므로 다음에서 보는 바와 같이 이 프로그램이 올바른 결과를 내었음을 알 수 있다.

```
negative
```

CHAPTER 08

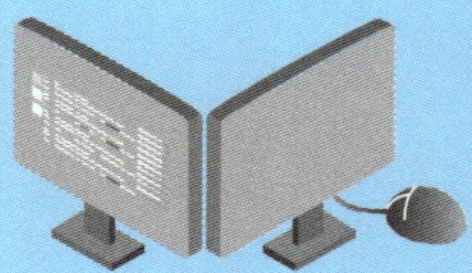

프로젝트: 즐거운 놀이 공원 입장료

8.1 사용되는 프로그램 도구

이 프로젝트에서 사용하게 될 프로그램 도구는 다음과 같다.

- `if`
- `if-else`
- `if-elif-else`

8.2 할인요금 계산

즐거운 놀이공원에서 12세 이하는 1000원, 65세 이상은 무료, 그 외에는 3000원의 입장료를 받고 있다. 또한, 회원으로 가입하면 정상가격에서 15%의 할인을 해주고 있으며 할인된 가격은 12세 이하는 850원, 65세 이상은 무료, 그리고 그 외에는 2550원이다.

age	price	membership price
12세 이하	1000원	850원
13~64세	3000원	2550원
65세 이상	0원	0원

여기서는 회원 여부membership와 나이를 입력하면 자동으로 입장료를 산정해주는 프로그램을 작성해보기로 한다. 회원 여부를 결정하기 위해서 사용될 조건문은 회원과 비회원을 구분하면 되므로 참True 과 거짓False을 사용하는 부울bool 변수를 사용할 수 있다. 조건문을 표기할 때 **if membership == True**로 할 수도 있으나 **if membership**로 하여 다음과 같이 간략하게 표시할 수 있다.

```
if membership:
    print(회원가)
else:
    print(비회원가)
```

다음에는 회원/비회원 구별뿐만 아니라 나이에 따라 달라지는 입장료를 계산해주는 과정을 알아보기로 한다. 먼저 회원인 경우를 고려하기 위해서 **membership = True**로 놓으면 프로그램에서는 회원으로 규정된 부분만이 유효하게 되게 되며, 또한 나이에 따른 할인가를 최종적으로 출력하게 된다. 다음의 예에서는 나이가 23세이며, 회원인 경우에 입장료를 출력하는 프로그램을 만들어보기로 한다.

```
membership = True
age = 23
if membership:
    if age <= 12:
        print(1000 * 0.85)
```

```
    elif age >= 65:
        print(0) # 0원
    else:
        print(3000 * 0.85)
else:
    if age <= 12:
        print(1000)
    elif age >= 65:
        print(0)
    else:
        print(3000)
```

이 프로그램을 실행하면 15% 회원 할인이 되어 입장료는 2550원이 된다. 즉, 회원으로 판정되어 **if membership** 부분으로 들어가고, 나이가 23세이므로 **if** 내부의 **else**부분이 실행되고 종료되게 된다.

```
2550.0
```

한편 비회원이며 나이가 11세인 경우를 알아보면 이 경우는 할인이 안 되므로 입장료는 1000원이 된다.

```
membership = False
age = 11
if membership:
    if age <= 12:
        print(1000 * 0.85)
    elif age >= 65:
        print(0)
    else:
```

```
        print(3000 * 0.85)
else:
    if age <= 12:
        print(1000)
    elif age >= 65:
        print(0)
    else:
        print(3000)
```

이 프로그램을 실행하면 결과는 다음과 같다.

```
1000
```

이번에는 비회원이므로 `if membership`이 거짓이 된다. 따라서 `else` 부분으로 넘어가고, 나이가 11세이므로 `if age <= 12` 부분이 실행되며 종료된다.

프로그램 수정

위 프로그램에서는 조건식마다 출력문print이 들어가서 보기가 불편해졌다. 다음에서 `rate`라는 변수를 사용하여 할인율 0.85와 정상 요율 1.0을 적용하여 위의 프로그램을 다음과 같이 수정하였다.

```
if membership:
    rate = 0.85
else:
    rate = 1.0
```

이 프로그램은 `if membership`에서 회원의 여부가 인증되면 할인율 `rate`이 그에 따라 결정되는 구조이다. 여기서 나이에 따라 달라지는 가격을 결정하여 출력하는 부분을 덧붙이면 다음과 같이 중복되는 부분이 제거된 프로그램을 얻을 수 있다.

```
membership = True
age = 23
if membership:
    rate = 0.85
else:
    rate = 1.0

if age <= 12:
    print(f"{1000 * rate} 원")
elif age >= 65:
    print(0)
else:
    print(f"{3000 * rate} 원")
```

이 프로그램을 수행하면 23세의 회원 할인가는 다음과 같다.

```
2550.0 원
```

- 만일 회원이면 if membership 부분에서 rate = 0.85로 결정되며, 그 다음에 나이를 판별하는 if 부분으로 진행한다.
- 그리고 나이에 따라 원래 요금과 할인 `rate`를 곱한 결과가 출력된다.

한편 11세이며 비회원인 경우는 다음과 같이 프로그램을 설정한다.

```
membership = False
age = 11
if membership:
```

```
    rate = 0.85
else:
    rate = 1.0

if age <= 12:
    print(f"{1000 * rate} 원")
elif age >= 65:
    print(0)
else:
    print(f"{3000 * rate} 원")
```

이 프로그램을 실행하면 결과는 다음과 같다.

```
1000.0 원
```

위의 경우와 마찬가지로 회원/비회원 유무와 할인율이 결정되어 계산된 결과를 얻을 수 있다. 이 프로젝트에서는 조건문이 복잡한 경우를 가정하여 단순히 복수의 **if**만을 쓴 것이 아니라, **if-else**와 **if-elif-else** 구조를 사용하여 프로그램을 작성하여 보았다. 처음부터 프로그램의 구조를 간략하게 만들기는 프로그램 입문자에게 있어서는 어려운 일이다. 그러나 시행착오를 거쳐서 더 깔끔하고 관리하기에 좋은 프로그램을 만드는 것은 중요한 일이다.

CHAPTER

09

반복

9.1 반복의 내용

반복 과정은 알고리즘의 수행에 있어서 가장 자연스러운 부분 중의 하나이다. 주어진 문제를 해결하기 위해서는 동일한 알고리즘의 전체 또는 부분에 대하여 반복을 수행해야 하는 경우가 많다. 반복의 종류는 다음과 같이 두 가지로 나누어질 수 있다.

- **규정 반복** : 반복회수가 미리 정해져 있는 반복을 의미한다.
- **비규정 반복** : 반복회수가 정해져 있지 않고, 조건에 따라 수행되는 것을 의미한다.

9.2 range( ) 함수

- 파이썬에서는 반복문을 만들기 위해서 기본적으로 range()를 자주 사용한다.
- 사용법은 range(시작, 끝, 간격)으로 하며 설정된 만큼의 연속적인 숫

자를 제공하는 함수인데 시작은 포함되고 끝점은 포함되지 않음을 유의한다.

다음의 예를 통하여 **range()** 함수의 내용을 알아보기로 한다.

```
a = range(3)
b = range(1,5)
c = range(1,10,2)
print(type(a))
print(type(b))
print(type(c))
```

다음의 결과를 보면 **range()** 함수로 정의된 변수 a, b, c 모두 range 형식(객체)으로 되어있는 것을 확인할 수 있다.

```
<class 'range'>
<class 'range'>
<class 'range'>
```

각 range()로 만들어진 변수의 내용을 확인하기 위해서 **list()** 함수를 사용하여 다음과 같이 출력한다.

```
a = range(3)
b = range(1,5)
c = range(1,10,2)
print(list(a))
print(list(b))
print(list(c))
```

- 이 프로그램에서 range(3)은 시작점과 간격을 생략하고 끝점만을 표시한 경우이다. 이 경우에는 시작점은 0이며 간격은 1로 함수 내부에서 기본적으로 정해져 있으며, 끝점은 포함되지 않으므로 마지막 숫자는 2가 되는 것을 유의해야 한다.
- 두 번째로 range(1,5)인 경우는 시작점과 끝점을 명시한 것으로서 리스트의 요소는 1부터 4까지를 의미하며 간격은 1로 정해져 있다.
- 세 번째는 range(1,10,2)로서 시작점, 끝점, 그리고 간격이 모두 주어져 있는 경우이며 간격이 2가 되므로 하나 걸러 하나씩 선택하게 된다.

이 프로그램을 실행하면 아래에서 볼 수 있는 것과 같은 결과를 얻는다.

```
[0, 1, 2]
[1, 2, 3, 4]
[1, 3, 5, 7, 9]
```

9.3 for 반복

가장 간단하게 반복을 수행하게 하는 방법은 for-in 구조에서 range() 함수를 사용하는 방법이다. 다음은 숫자 1부터 5까지를 차례로 더해서 합을 내는 프로그램이다.

```
sum = 0
for i in range(1,6):
    sum = sum + i
print(f"1 to 5 sum = {sum}")
```

여기서는 range(1,6)을 사용하여 1, 2, 3, 4, 5가 차례로 계수기 i에 입력되어 sum을 계산하는 데 사용되며 결과는 다음과 같다.

```
1 to 5 sum = 15
```

구구단 표 만들기

반복 과정을 사용해서 구구단을 출력하는 프로그램을 만들어 볼 수 있다. 즉, 1×1 = 1, 1×2 = 2와 같은 형식으로 출력되는 프로그램을 다음과 같이 작성한다. 구구단에서 곱셈 기호를 사이에 둔 두 개의 변수가 각각 변하는 과정은 두 개의 for문으로 구현한다.

```
for i in range(1,10):
    for j in range(1,10):
        mult = i * j
        print(f"{i} X {j} = {mult}")
```

이 프로그램을 실행하면 결과는 다음과 같으며 지면 관계상 결과의 일부분만 보여주고 있다.

```
1 X 1 = 1
1 X 2 = 2
1 X 3 = 3
1 X 4 = 4
1 X 5 = 5
1 X 6 = 6
1 X 7 = 7
1 X 8 = 8
1 X 9 = 9
```

```
2 X 1 = 2
2 X 2 = 4
2 X 3 = 6
2 X 4 = 8
2 X 5 = 10
.....
```

팩토리알 계산하기

팩토리알factorial 곱셈은 반복 과정을 통해서 쉽게 계산할 수 있으며 다음과 같이 정의된다.

$$n! = 1\times2\times3 \cdots (n-2)\times(n-1)\times n$$

예를 들어, $3! = 1\times2\times3 = 6$이며 이를 구현하기 위해서 다음과 같이 프로그램을 작성한다.

```
fact = 1
for i in range(1,4):
    fact = i * fact
print(fact)
```

- 이 프로그램에서 **fact = 1**로 하여 변수의 초깃값을 설정한다.
- **for** 이하의 내용은 곱셈의 반복을 수행하는 과정으로 **fact = i * fact**로 설정한다. 또는, **fact *= i**와 같이 쓸 수도 있다.
- 즉, 반복 과정에서 곱셈의 결과는 **fact**에 저장되고 다음번 곱셈을 수행한 후 다시 **fact**에 저장하는 과정을 반복한다.

이 프로그램을 실행시키면 1×2×3이 되어 결과는 다음과 같다.

```
6
```

리스트에 요소 추가하기

반복 과정을 사용하여 연속된 숫자를 리스트의 요소로 추가할 수 있다. 예를 들어, append()를 사용하여 0부터 4까지의 숫자를 하나씩 추가해서 하나의 리스트로 만드는 프로그램을 다음과 같이 작성하였다. 이 방식은 다양한 문제에서 자주 사용되므로 알아두면 좋다.

```
s = []
for i in range(5):
    s.append(i)
print(s)
```

이 프로그램을 실행하면 결과는 다음과 같다.

```
[0, 1, 2, 3, 4]
```

리스트 요소에 대하여 반복하기

파이썬에서는 range() 함수 대신에 리스트 자체를 사용하여 리스트에 있는 요소의 내용을 출력하게 할 수 있다. 다음은 리스트 coffee에 담겨 있는 각 항목을 차례로 출력하는 프로그램이다.

```
coffee = ["americano", "espresso", "mocha", "latte"]
for i in coffee:
    print(i)
```

- 이 프로그램에서는 반복을 위한 계수기로 i가 사용되었으며 리스트 coffee에 있는 항목들을 차례로 출력하기 위해서 for i in coffee과 같은 방식을 채택하였다.
- 즉, i에는 반복에 의한 계수 대신에 coffee의 내용이 차례로 담기게 되어 다음과 같은 결과를 얻을 수 있다.
- 이러한 방식은 사전에 반복회수를 정하지 않아도 리스트 항목의 개수만큼 반복을 자동으로 수행하게 되어 매우 편리하다.

프로그램을 실행하면 결과는 다음과 같다.

```
americano
espresso
mocha
latte
```

9.4 enumerate 함수의 사용

다음에 주어진 표에서 메뉴 요소뿐만 아니라 그에 해당하는 인덱스도 다음과 같이 출력하고 싶은 경우를 고려해보자.

index	menu
1	americano
2	espresso
3	mocha
4	latte

다음 프로그램에서는 coffee 리스트의 길이를 n = len(coffee)로 구하고

range() 함수를 사용하여 리스트에 있는 내용을 읽어오는 반복 과정을 수행하고 있다.

```
coffee = ["americano", "espresso", "mocha", "latte"]
n = len(coffee)
for i in range(n):
    print(coffee[i])
```

그러나 이런 경우에는 다음과 같이 enumerate() 함수를 사용하면 같은 과정을 보다 편리하게 구현할 수 있게 된다.

```
coffee = ["americano", "espresso", "mocha", "latte"]
for i, menu in enumerate(coffee, start = 1):
    print(f"Menu {i}: {menu}")
```

여기서 enumerate() 함수는 두 개의 계수기를 사용하게 되며 i에는 coffee 리스트에서 항목의 인덱스, 그리고 menu에는 메뉴 이름이 각각 할당되게 된다. 또한, start = 1으로 지정하여 인덱스가 1부터 시작하도록 한다. 이 프로그램을 실행하면 결과는 다음과 같다.

```
Menu 1: americano
Menu 2: espresso
Menu 3: mocha
Menu 4: latte
```

9.5 zip 함수의 사용

커피의 종류를 담은 coffee 리스트와 가격을 담은 price 리스트가 다음과 같이 있다고 하였을 때

```
coffee = ["americano", "espresso", "mocha", "latte"]
price = [3000, 3500, 4000, 5000]
```

커피의 종류와 가격을 다음과 같이 출력하고자 한다.

menu	price
americano	3000
espresso	3500
mocha	4000
latte	5000

이를 위해서는 coffee와 pirce 리스트의 요소를 각각 읽어와서 다음과 같이 순서대로 출력해야 한다.

```
coffee = ["americano", "espresso", "mocha", "latte"]
price = [3000, 3500, 4000, 5000]
n = len(coffee)
for i in range(n):
    print(f"{coffee[i]:10s}: {price[i]} 원")
```

이 프로그램에서 n = len(coffee)로 하여 리스트의 크기를 구하고 이를 for-in-range() 구조를 사용하여 순서대로 출력한다. 또한, 메뉴를 출력할 때 {i:10s}로 하여 문자열을 위하여 10자리씩을 배당하여 아래와 같이 보기 좋게

출력하였다. 그러나, 이 프로그램을 수행하여 다음과 같이 원하는 결과를 얻기는 하였지만, 인덱스를 만든 후에 각각의 리스트의 인덱스에 접근하여 출력하는 방식이 다소 번거롭게 보인다.

```
americano : 3000 원
espresso  : 3500 원
mocha     : 4000 원
latte     : 5000 원
```

이러한 경우에는 zip() 함수를 사용하여 프로그램을 다음과 같이 작성한다.

```
coffee = ["americano", "espresso", "mocha", "latte"]
price = [3000, 3500, 4000, 5000]
for i, money in zip(coffee, price):
    print(f"{i:10s}: {money} 원")
```

여기서 zip() 함수를 사용하여 두 개의 리스트 coffee와 price에서 각각의 항목을 차례로 두 개의 계수기 i와 money에 각각 할당하여 출력하게 된다. zip을 사용하면 새롭게 인덱스를 생성할 필요 없이 원하는 결과를 얻을 수 있었다.

```
americano : 3000 원
espresso  : 3500 원
mocha     : 4000 원
latte     : 5000 원
```

9.6 while 반복

앞에서 학습하였던 for 반복에 이어 이번에는 while 반복에 대하여 알아보기로 한다. while 반복은 비규정 반복으로서 반복회수가 정해져 있지 않고, 조건에 따라 반복회수가 결정된다. while 반복은 다음과 같은 구조를 갖는다.

```
while 조건문 :
    내용
```

이 프로그램에서는 조건문이 만족하는 한 반복해서 내용이 수행되는 구조로 진행된다. 다음은 while을 사용하여 덧셈을 5회 수행하는 내용을 보여주고 있다.

```
i = 0
while i < 5:
    i = i + 1
    print(i)
```

- 여기서 i = 0으로 초깃값이 주어졌으므로 i < 5라는 조건이 참이 되어 i에서 1을 증가시키고 출력하는 내용을 수행한다.
- 조건이 거짓이 될 때까지 반복하다가 i가 5가 되는 순간에 내용을 수행하고 반복을 멈추게 된다.
- while 구조에서는 반복회수에 있어서 조건이 참에서 거짓으로 변하는 순간에도 반복을 수행하는 점을 유의해야 한다. 따라서 프로그램을 실행시키면 5까지 출력하게 된다.

프로그램을 실행하면 결과는 다음과 같다.

```
1
2
3
4
5
```

무한 while 반복

`while`을 이용하여 무한 반복하는 과정을 만들어 낼 수 있다. 예를 들어, 다음과 같이 반복해서 질문하는 경우에 사용될 수 있다.

```
while True:
    x = input("Enter: ")
    print(x)
```

여기서 `while True`라고 하는 문장은 조건문이 항상 참이 되어서 반복을 수행하게 되어 프로그램을 수행시키면 `Enter:`라는 문자가 계속해서 출력된다. 무한히 반복되는 과정은 실제로는 사용할 수 없으므로 적당한 조건을 주어서 종료되게 만들 필요가 있다.

```
while True:
    x = input("Enter: ")
    if x == 'q':
        break
    print(f"You type: {x}")
```

이 프로그램을 끝내기 위해서 `if-break` 구조를 사용하였으며 입력 문자가 `q`

이면 break에 걸려서 곧바로 while 반복을 마감하게 된다. 즉, 이 프로그램을 수행시키면 while 부분에서 반복이 진행되다가 q를 입력하면 프로그램이 끝나게 된다.

9.7 Quiz

1. for 명령을 이용하여 1부터 10까지를 출력하는 프로그램을 작성하시오.

2. for 명령을 이용하여 10부터 1의 순서로 출력하는 프로그램을 작성하시오.

3. 리스트의 요소를 "First", "Second", "Third", "Fourth"로 하여 각 요소를 차례로 출력하는 프로그램을 작성하시오.

4. 리스트의 요소를 "Mon", "Tue", "Wed"로 하여 각 요소를 차례로 출력하는 프로그램을 작성하시오.

5. 기상청에서 발표한 1998년부터 2007년까지의 20년간의 주요 도시별 평균 온도는 서울 12.8도, 제주 16.0도 대구 14.3도, 전주 13.5도이다. 다음의 표와 같이 출력될 수 있도록 리스트를 사용하여 프로그램을 작성하시오.

지역	평균온도
서울	12.8
제주	16.0
대구	14.3
전주	13.5

6. while 명령을 이용하여 1부터 10까지를 출력하는 프로그램을 작성하시오.

7. while 명령을 이용하여 무한 반복 입력을 만들고 99를 입력하면 종료하는 프로그램을 작성하시오.

8. while 명령을 이용하여 무한 반복 입력을 만들고 exit를 입력하면 종료하는 프로그램을 작성하시오.

9. 다음 프로그램을 수행하면 어떤 결과를 얻을 수 있는지 말하시오.

```
while False:
    print("False loop")
print("Do not stop.")
```

10. 1×12, 12×11 등을 계산할 수 있는 12단 곱셈 프로그램을 작성하시오.

11. 1×15, 15×12 등을 계산할 수 있는 15단 곱셈 프로그램을 작성하시오.

CHAPTER

10 프로젝트: 비밀번호 규정 만들기

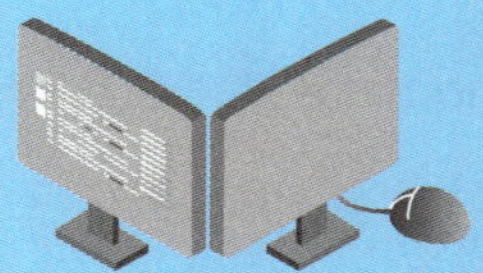

10.1 사용되는 프로그램 도구

이 프로젝트에서 사용하게 될 프로그램 도구는 다음과 같다.

- `for`
- `if-else`
- `break`
- `isupper()` : 문자열에 대문자의 포함 여부를 알려주는 방법method.

10.2 비밀번호 규정

인터넷 사이트에서는 개인정보 보안을 위해서 사용자에게 복잡한 비밀번호를 만들 것을 요구하고 있으며 많은 경우에 있어서 대문자, 소문자, 숫자, 특수문자 등을 적어도 하나 이상씩 포함할 것을 요구한다. 이번 프로젝트에서는 입력된 비밀번호 내용을 분석하여 보안규정에 맞는지를 판별하는 프로그램을 작성하고자 한다.

하나의 특수문자 감별

다음 프로그램은 만들고자 하는 비밀번호를 i#love^python로하고 if를 사용하여 특수문자 #가 포함되어 있는지를 판별하도록 한다. 이때 비밀번호가 조건을 만족하여 참이 되면 Pass, 거짓이면 Fail를 출력하는 프로그램이다.

```
passwd = "i#love^python"
if "#" in passwd:
    print("Pass")
else:
    print("Fail")
```

이 프로그램을 수행하면 다음과 같은 결과를 얻게 되어 잘 작동하고 있음을 알 수 있다.

```
Pass
```

두 개의 특수문자 감별

만일 두 개의 특수문자 #와 ^의 존재를 동시에 감별하고 싶은 경우에는 if에 or을 사용하여 다음과 같이 프로그램을 작성한다.

```
passwd = "i#love^python"
if ("#" in passwd) or ("^" in passwd):
    print("Pass")
else:
    print("Fail")
```

이 프로그램을 수행하면 다음과 같이 특수문자를 잘 감별해내는 것을 알 수 있다.

```
Pass
```

다수의 특수문자 감별

앞에서 작성한 프로그램이 다른 특수문자 %도 감별하도록 수정하여 보기로 한다. 가장 직관적인 방법은 위에서와같이 or을 사용하거나 **if-elif-else** 구조를 사용하여도 가능할 것이다. 그러나 특수문자마다 해당하는 조건문을 만들어야 하므로 프로그램이 복잡해지게 된다. 따라서 다음 프로그램에서는 특수문자의 리스트 special_char를 만들어서 한꺼번에 비교하는 방식을 택하기로 한다. 이 리스트에는 특수문자 #, @, %, ^, &, *, / 등이 포함되어 있다.

```
passwd = "i#love^python"
special_char = ["#","@","%","^","&","*","/"]
special = False
for i in special_char:
    if i in passwd:
        special = True
        print("Pass")
        break
if special == False:
        print("Special character needed.")
```

- 먼저 리스트 special_char에 포함될 특수문자들로 채운다.
- 그다음에는 for i in special_char를 사용하여 special_char 리스트의 항목을 하나씩 불러와서 i에 저장한다.
- i에 저장된 각 특수문자가 special_char에 있는지를 if i in passwd

로 판정하여 참 또는 거짓으로 판정하여 결과를 special에 저장한다.

- 만일 특수문자가 하나라도 존재하면 break에 의해서 special은 True 값을 가지고 Pass를 출력하고 for 구조 밖으로 빠져나온다.

이 프로그램을 실행하면 결과는 다음과 같다. 비밀번호에 특수문자 #와 ^가 존재하므로 유효한 결과로 판정되었음을 알 수 있다.

```
Pass
```

특수문자가 없는 경우

만일 비밀번호에 특수문자가 하나도 없으면 처음에 for 앞에서 선언한 대로 special은 False값을 가지게 되어 마지막 if special == False문에 걸리게 되므로 'Special character needed.'를 출력하게 된다.

```
passwd = "ilovepython"
special_char = ["#","@","%","^","&","*","/"]
special = False
for i in special_char:
    if i in passwd:
        special = True
        print("Pass")
        break
if special == False:
        print("Special character needed.")
```

이 프로그램을 실행하면 다음과 같은 결과를 얻는다.

```
Special character needed.
```

대문자 감별

이번에는 비밀번호에 대문자가 포함되어 있는지를 알아보는 프로그램을 작성해 보기로 한다.

```
passwd = "i#love^Python"
upper = False
upperlist = list(passwd)
for i in upperlist:
    if i.isupper():
        upper = True
        print("Pass")
        break
if upper == False:
    print("Uppercase needed.")
```

- 일단 대문자에 대한 정보는 `upper = False`로 하여 초깃값을 `False`로 놓는다.
- 그런데 대문자를 분별하는 `isupper()`는 문자열에 대해서 적용할 수 없으므로 `upperlist = list(passwd)`와 같이하여 문자열을 리스트로 바꾼다.
- `for i in upperlist`를 적용하여 리스트의 요소를 하나씩 읽어와서 `i`에 저장한다.
- 그다음에 `i.isupper()`를 적용하여 대문자가 포함되어 있는지를 찾아본다. 여기서 `i`는 객체이다.
- 만일 대문자가 발견되면 `Pass`를 출력하고 `break`에 의해서 프로그램을 종료하며, 대문자가 발견되지 않으면 `'Uppercase needed.'`를 출력한다.

이 프로그램을 실행하면 결과는 다음과 같다.

```
Pass
```

다음 프로그램은 비밀번호에 **i#love^python**와 같이 대문자가 없을 경우를 고려한 것이다.

```
passwd = "i#love^python"
upper = False
upperlist = list(passwd)
for i in upperlist:
    if i.isupper():
        upper = True
        print("Pass")
        break
if upper == False:
    print("Uppercase needed.")
```

이 프로그램을 실행하면 다음과 같은 결과를 얻게 된다. 비밀번호에 대문자가 포함되지 않았을 경우도 잘 감별해내고 있음을 볼 수 있다.

```
Uppercase needed.
```

특수문자와 대문자 동시 감별

비밀번호에서 특수문자와 대문자의 포함 여부를 한꺼번에 감별하기 위해서는 앞에서 작성하였던 두 개의 프로그램을 하나로 합쳐서 사용하면 된다.

```
passwd = "i#love^python"
special_char = ["#","@","%","^","&","*","/"]
special = False
for i in special_char:
    if i in passwd:
        special = True
        print("Pass")
        break
if special == False:
        print("Special character needed.")
upper = False
upperlist = list(passwd)
for i in upperlist:
    if i.isupper():
        upper = True
        break
if upper == False:
    print("Uppercase needed.")
```

비밀번호가 **i#love^pytho**인 경우 이 프로그램을 실행시키면 두 개의 특수문자가 있으므로 **Pass**를 출력하고, 대문자는 포함되어 있지 않으므로 다음과 같은 결과를 얻게 된다.

```
Pass
Uppercase needed.
```

CHAPTER

11 사전(Dictionary) 구조

11.1 사전(dictionary)

- 사전 구조는 파이썬에서 많이 사용되는 자료 구조 중의 하나이다.
- 사전 구조는 표제어[key]와 그에 해당하는 값[value]의 쌍으로 구성되는 구조이며 d = {표제어:값}와 같이 구현되며 여기서 d는 사전 구조의 이름이다.
- 사전 구조에서의 값을 출력하기 위해서는 d[표제어]와 같이하면 된다.

우편번호 찾기

사전 구조를 사용하여 다음 표에서 주어진 도시들의 우편번호를 찾아주는 프로그램을 만들어 보기로 한다.

도시	우편번호
서울	04524
제주	63208
부산	47545

여기서 도시 이름이 **표제어**가 되고, 우편번호가 **값**이 된다.

```
ZIP = {"서울":"04524", "제주":"63208", "부산":"47545"}
print("서울 우편번호:", ZIP["서울"])
```

위에서 **표제어**에 해당하는 값을 보기 위해서는 `ZIP[표제어]`의 형식을 취하면 된다. 즉, 서울의 우편번호를 가지고 오기 위해서 `ZIP["서울"]`을 사용하였다. 이 프로그램을 실행하면 다음과 같은 결과를 얻는다.

```
서울 우편번호: 04524
```

11.2 스키 도구 대여 시스템

사전의 값 출력

스키 샵에서는 대여자의 키에 따라 다른 길이의 스키를 대여하고 있으며 그에 따라 가격도 달라진다. 스키 샵에서 사용하고 싶은 시스템은 사용자의 키를 입력하면 해당하는 스키의 대여가격을 출력해주는 것이다. 사람의 키에 따른 스키 도구의 대여가격은 다음의 표에 따른다.

키 (cm)	값 (원)
150	9,000
160	10,000
170	12,000
180	15,000

먼저 위의 가격표를 사전 구조인 `ski`에 대입하기 위해서 다음과 같이 작성한다.

```
ski ={150:9000,160:10000,170:12000,180:15000}
height = 150
price = ski[height]
print(f"height = {height}cm: price = {price}원")
height = 170
price = ski[height]
print(f"height = {height}cm: price = {price}원")
```

이 프로그램의 작동을 검증하기 위해서 키가 150 cm와 170 cm인 경우를 각각 사용하였다. 각각의 내용을 보기 위해서는 **ski[height]**와 같이 하면 된다. 이 프로그램을 실행하면 올바른 결과가 나온 것을 다음에서 확인할 수 있다.

```
height = 150cm: price = 9000원
height = 170cm: price = 12000원
```

표제어만 출력

사전 구조에서 표제어만 출력하는 경우는 다음과 같이 한다.

```
ski ={150:9000,160:10000,170:12000,180:15000}
for key in ski:
    print(key)
```

이 프로그램에서는 for 구문에서 사전 구조인 **ski**를 사용하여 별도의 함수 없이 표제어만 출력이 되었음을 볼 수 있다.

```
150
160
```

```
170
180
```

표제어와 값 출력

사전 구조에서 표제어와 값을 같이 출력하는 경우는 **사전.items()**를 사용하여 다음과 같이 프로그램을 작성한다.

```
ski ={150:9000,160:10000,170:12000,180:15000}
for item in ski.items():
    print(item)
```

이 프로그램에서는 for 구문에서 **ski.items()**를 사용하여 표제어와 값이 함께 출력되었음을 볼 수 있다.

```
(150, 9000)
(160, 10000)
(170, 12000)
(180, 15000)
```

또는 표제만 따로 추출해서 별도의 객체object를 만들고자 하는 경우는 **사전.keys()**를 사용하여 다음과 같이 하면 된다.

```
ski ={150:9000,160:10000,170:12000,180:15000}
keys = ski.keys()
print(type(keys))
print(keys)
```

```
a = list(keys)
print(a)
```

여기서 ski.keys()를 사용하여 <class 'dict_keys'>라는 객체가 만들어진 것을 볼 수 있다. 객체로 만들어진 내용을 직접 볼 수 없으므로 a = list(keys)와 같이 하여 리스트로 만들어 사용하는 것이 편리하다. 이러한 경우는 사전 구조의 내용을 사용하여 더욱 복잡한 프로그램을 작성하고자 할 때 사용된다.

```
<class 'dict_keys'>
dict_keys([150, 160, 170, 180])
[150, 160, 170, 180]
```

위에서와 동일하게 사전 구조에서 값만을 따로 분리하여 객체로 만드는 방법은 다음과 같다.

```
ski ={150:9000,160:10000,170:12000,180:15000}
values = ski.values()
print(type(values))
print(values)
b = list(values)
print(b)
```

이 프로그램에서 ski.value()를 사용하여 <class 'dict_values'>라는 객체가 만들어진 것을 볼 수 있다. 객체로 만들어진 내용을 직접 볼 수 없으므로 b = list(values)와 같이하여 리스트로 만들어 사용하는 것이 편리하다. 프로그램 실행 결과는 다음과 같다.

```
<class 'dict_values'>
dict_values([9000, 10000, 12000, 15000])
[9000, 10000, 12000, 15000]
```

11.3 표제어 존재 확인

스키 샵에 있는 대여 시스템은 키가 150 cm부터 180 cm까지 10 cm 간격으로만 자료가 입력되어 있다. 만일 그 외의 키를 입력하면 시스템에 존재하지 않으므로 False를 출력하게 된다. 다음의 프로그램에서는 key = ski.keys()를 사용하여 사전 구조 ski의 표제만을 변수 key에 저장한다. 만일 140 cm을 표제로 찾는다면 **140 in key**를 수행하여 시스템에서의 자료 존재 여부를 알 수 있다.

```
ski ={150:9000,160:10000,170:12000,180:15000}
key = ski.keys()
print(140 in key)
print(160 in key)
```

프로그램을 수행한 결과는 140 cm일 때는 False로, 160 cm일 때는 True로 됨을 볼 수 있다.

```
False
True
```

11.4 값의 변경

사전 구조에서 값을 변경하고 싶은 때도 있다. 예를 들어, 스키 샵에서 특별 이

벤트 기간을 설정하고 스키 대여비를 10% 할인하고자 할 때 프로그램을 다음과 같이 작성하게 된다.

```
ski ={150:9000,160:10000,170:12000,180:15000}
for key, value in ski.items():
    ski[key] = value * 0.9
print(ski)
```

사전 구조의 표제어는 건드리지 않고 값만을 수정하면 되므로 `for key, value in ski.items()`로 하여 표제와 값을 각각 `key`, `value`에 저장한다. 수정되는 것은 `value`이므로 `value * 0.9`로 하여 10% 할인 금액을 맞춘다. 이제 사전 구조 `ski`에 변경된 값을 기록해야 하므로 `ski[key] = value * 0.9`로 한다. 이 프로그램을 수행하면 다음과 같이 할인된 값으로 수정된 사전 구조 `ski`를 볼 수 있다.

```
{150: 8100.0, 160: 9000.0, 170: 10800.0, 180: 13500.0}
```

조건 적용

키 (cm)	값 (원)
150	9,000
160	10,000
170	12,000
180	15,000

다음은 위의 스키 대여 표에서 값이 12000원 이하인 `(value < 12000)` 항목들만 따로 모아서 새로운 사전 구조 `low_ski`를 만드는 과정을 설명하고 있다.

```
ski ={150:9000,160:10000,170:12000,180:15000}
low_ski = {}
for key, value in ski.items():
    if value < 12000:
        low_ski[key] = value
print(low_ski)
```

이 프로그램을 실행하면 다음과 같은 결과를 얻는다.

```
{150: 9000, 160: 10000}
```

이번에는 값이 9000원보다 크며 15000원 미만인 경우만을 보기 위해서 다음과 같이 프로그램을 작성한다.

```
ski ={150:9000,160:10000,170:12000,180:15000}
low_ski = {}
for key, value in ski.items():
    if (value > 9000) and (value < 15000):
        low_ski[key] = value
print(low_ski)
```

이 프로그램을 실행하면 다음과 같은 결과를 얻는다.

```
{160: 10000, 170: 12000}
```

11.5 문자열 사전 구조

사전 구조는 문자나 문자열을 요소로 하여 만들어지는 경우도 많다. 다음은 영화의 주인공 이름과 배역의 이름을 사전 구조인 cast로 만들어서 출력하는 프로그램이다.

```
cast = {
    "Iron Man":"Robert",
    "Thor":"Chris",
    "Black Widow":"Scarlett
    }
print(cast["Iron Man"])
print(cast["Black Widow"])
```

이 프로그램을 실행하면 다음과 같은 결과를 얻는다.

```
Robert
Scarlett
```

사전 구조 cast에 특정한 주인공이 있는지를 알아보기 위해서 다음과 같은 프로그램을 작성하였다.

```
cast = {
    "Iron Man":"Robert",
    "Thor":"Chris",
    "Black Widow":"Scarlett"
    }
if "Thor" in cast:
    print(cast["Thor"])
```

이 프로그램에서는 사전 구조 cast에서 Thor의 이름이 있는지를 if "Thor" in cast와 같이 하여 찾아보고 결과를 출력하였다.

```
Chris
```

이번에는 기존의 사전 구조 cast에 새로운 요소 'Catain America': 'Chris'를 추가하는 프로그램을 다음과 같이 작성하였다.

```
cast = {
    "Iron Man":"Robert",
    "Thor":"Chris",
    "Black Widow":"Scarlett"
    }
cast["Catain America"] = "Chris"
print(cast)
```

이 프로그램을 실행하면 다음과 같이 새로운 요소가 추가되었음을 알 수 있다.

```
: {'Iron Man': 'Robert', 'Thor': 'Chris', 'Black Widow': 'Scarlett'
: , ‘Catain America’: ‘Chris’}
```

11.6 리스트를 사전 구조로 변환하기

파이썬에서는 리스트를 많이 사용하기는 하지만 자료형태로 변환하여 사용하고자 할 때는 사전 구조로 만들어 주기도 한다. 예를 들어, 두 개의 리스트를 따로 관리하기는 불편하므로 이를 사전 구조로 바꾸어 주는 것도 좋은 방법이다. 다음 프로그램은 coffee, price의 두 개의 리스트를 하나의 사전 구조인 menu로 변환하는 과정을 보여주고 있다. 여기서 zip과 dict를 연달아 사용하여 다음과 같이 새로운 사전 구조 menu를 만들 수 있다.

```
coffee = ["americano", "espresso", "mocha", "latte"]
price = [3000, 3500, 4000, 5000]
menu = dict(zip(coffee, price))
print(menu)
```

이 프로그램을 실행하면 다음과 같이 두 개의 리스트가 연결되어 의미 있는 정보를 주는 새로운 사전 구조가 만들어졌음을 알 수 있다.

```
{'americano': 3000, 'espresso': 3500, 'mocha': 4000, 'latte': 5000}
```

CHAPTER 12

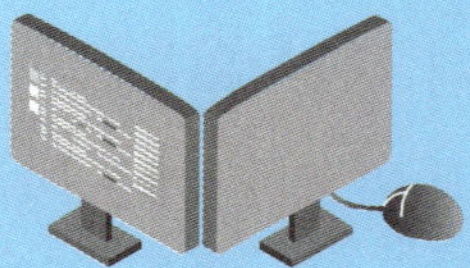

프로젝트: 조명관리 시스템

12.1 사용되는 프로그램 도구

이 프로젝트에서 사용하게 될 프로그램 도구는 다음과 같다.

- `for`
- `if`
- 리스트
- 사전 구조dictionary
- `items()` : 사전 구조에서 요소에 접근하는 방법method
- `update()` : 사전 구조에서 요소를 갱신하는 방법method

12.2 조명관리

규모가 큰 빌딩의 조명을 관리하는 것은 한정된 관리 인원만으로는 효과적으로 수행하기 어려운 일이다. 최근의 스마트 빌딩에는 다양한 센서가 장착되어 있어서 관리자가 직접 방문하지 않고 관리 사무실에서 각 사무실의 상태를 알 수 있도록 되어있다. 이번 프로젝트에서는 스마트 빌딩의 관리 사무소에서 각 사무실의 조명 상태를 확인하여 필요한 경우 불을 원격으로 꺼 줄 수 있는 프로그램을 작성해보기로 한다. 퇴근 시간이 지난 후, 스마트 빌딩의 6개의 사무실의 조명의 상태가 다음과 같이 보고되었다고 한다. 퇴근 시간 이후이므로 모든 사무실의 조명이 소등 상태여야 하는데 관리표를 보면 몇몇 사무실은 아직 소등되지 않았음을 알 수 있다.

Room	1	2	3	4	5	6
Light	on	on	off	on	off	off

위의 정보를 사전 구조인 **light**로 하여 다음과 같이 저장한다.

```
light = {1:"on",2:"on",3:"off",4:"on",5:"off",6:"off"}
```

조명 점등에 관한 정보

다음 단계에서는 조명 정보[light]를 읽어서 점등되어 있는 사무실의 방 번호만을 리스트 rm에 저장하기로 한다.

```
light = {1:"on",2:"on",3:"off",4:"on",5:"off",6:"off"}
rm = []
for i, onoff in light.items():
    if onoff == "on":
        rm.append(i)
        print(f"{i}: on")
```

이 프로그램에서는 **rm = []**에서 리스트를 초기화하고 **light.items()**를 사용하여 방 번호 **i**와 조명 상태 **onoff**를 구분하여 점등된 사무실의 번호만을

rm.append(i)로 하여 저장한다. 이 프로그램을 실행시키면 점등된 사무실의 번호와 상태가 다음과 같이 출력되며 위의 표에서의 정보와 일치함을 알 수 있다.

```
1: on
2: on
4: on
```

조명 소등

이번에는 점등된 사무실의 조명을 소등하는 과정을 다음과 같이 프로그램에 추가하기로 한다.

```
light = {1:"on",2:"on",3:"off",4:"on",5:"off",6:"off"}
rm = []
for i, onoff in light.items():
    if onoff == "on":
        rm.append(i)
        print(f"{i}: on")
for k in rm:
    print(k)
    light.update({k:"off"})
for i, onoff in light.items():
        print(f"{i}: {onoff}")
```

- 위에서 점등된 사무실에 대한 정보는 rm에 저장하였으므로, for k in rm으로 하나씩 읽어와서 해당하는 사무실의 조명을 소등하면 된다.
- 여기서는 1, 2, 4호실의 조명이 점등되어 있다.
- 사전 구조 light 의 정보를 바꾸기 위해서는 light.update({k:"off"})를 사용한다.

- 사전 구조 **light**에서 표제어key가 k이며 해당하는 내용value가 off로 사용되었음을 알 수 있다.
- **light.items()**를 **for i, onoff**로 수행하면 다음과 같이 모든 사무실의 소등이 제대로 되었음을 확인할 수 있다.

```
1: on
2: on
4: on
1
2
4
1: off
2: off
3: off
4: off
5: off
6: off
```

CHAPTER

13

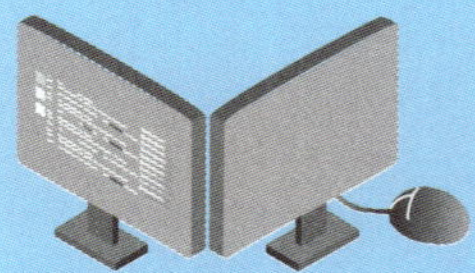

프로젝트: 문장 분석기

13.1 사용되는 프로그램 도구

이 프로젝트에서 사용하게 될 프로그램 도구는 다음과 같다.

- for
- if
- lower() : 문자를 소문자로 변환
- split() : 문자열을 단어별로 분리

13.2 문장 분석기 만들기

이 프로젝트에서는 문장에서 각 단어의 출현 빈도를 알려주는 프로그램을 작성한다. 즉, 다음에 주어진 문장에서 각 단어가 얼마나 자주 쓰였는지를 알려주는 프로그램을 작성하고자 한다.

"You are like a dove that is hiding in a rock.
You are like a dove that is hiding in the mountains.
Show your face to me because it is lovely.
Let me hear your voice
because it has a beautiful sound."[1]

주어진 문장을 분석하기 위해서 다음과 같은 프로그램을 작성한다.

```
text = """You are like a dove that is hiding in a rock.
       You are like a dove that is hiding in the mountains.
       Show your face to me because it is lovely.
       Let me hear your voice
       because it has a beautiful sound."""
text = text.lower()
w_list = text.split()
print(f"lower: {text}")
print(f"split: {w_list}")
```

- 먼저 전체 문장을 `text`에 저장한다.
- `lower()`를 사용하여 `text`에 저장된 문장을 모두 소문자로 변환시킨다.
- 소문자로 변환시키는 이유는 같은 단어라도 대문자와 소문자가 섞여 있는 경우에는 다른 단어로 취급될 수 있기 때문이다.
- 단어별로 나타난 횟수를 계산하기 위해서 `split()`을 사용하여 문장을 단어 단위로 구분하여 `w_list`에 저장한다.

이 프로그램을 실행시키면 다음과 같은 결과를 얻으며 이로부터 `lower()`와

5 Song of Songs 2:14 (EASY) – The Bible

split() 방법이 제대로 작동하였음을 알 수 있다.

```
lower: you are like a dove that is hiding in a rock.
       you are like a dove that is hiding in the mountains.
       show your face to me because it is lovely.
       let me hear your voice
       because it has a beautiful sound.
split: ['you', 'are', 'like', 'a', 'dove', 'that',
'is', 'hiding', 'in', 'a', 'rock.', 'you', 'are',
'like', 'a', 'dove', 'that', 'is', 'hiding', 'in',
'the', 'mountains.', 'show', 'your', 'face', 'to',
'me', 'because', 'it', 'is', 'lovely.', 'let', 'me',
'hear', 'your', 'voice', 'because', 'it', 'has',
'a', 'beautiful', 'sound.']
```

다음은 소문자로 변환된 문장에서 단어별로 나타난 횟수를 알려주는 프로그램이다.

```
w_dict = {}
for w in w_list:
    if w not in w_dict:
        w_dict[w] = 0
    w_dict[w] += 1
print(f"dict: {w_dict}")
print(f"number of words used: {len(w_dict.keys())}")
print(f"upper: {text.upper()}")
```

- 문장 text에 나타난 단어별 회수를 계산하기 위해서 앞에서 얻은 단어 리스트 w_list를 for w in w_list을 적용하여 단어별로 하나씩 읽어 나간다.

- w_dict라는 사전 구조를 만들고 각 단어의 명칭(표제어)과 나타낸 횟수(내용)을 저장한다.
- 즉, w_dict는 [명칭:회수] 의 구조를 갖는 사전이 된다.
- 결과적으로 w에 있는 단어가 안 보이면 w_dict[w] = 0와 같이하여 내용을 0으로 하고, 보이면 w_dict[w] += 1와 같이하여 1을 추가하는 과정을 수행한다.

앞에서 설명한 두 프로그램을 합체하여 만든 다음의 프로그램을 실행하면 사전 구조가 완성되어 모든 요소가 출력된 결과를 볼 수 있다.

```
text = """You are like a dove that is hiding in a rock.
       You are like a dove that is hiding in the mountains.
       Show your face to me because it is lovely.
       Let me hear your voice
       because it has a beautiful sound."""
text = text.lower()
w_list = text.split()
w_dict = {}
for w in w_list:
    if w not in w_dict:
        w_dict[w] = 0
    w_dict[w] += 1
print(f"dict: {w_dict}")
print(f"number of words used: {len(w_dict.keys())}")
```

이 프로그램에서는 사전 구조를 검색하여 각 단어의 출현 빈도를 찾아내며, 실행 결과로부터 각 단어의 출현 회수가 바르게 나타나 있음을 알 수 있다.

```
dict: {'you': 2, 'are': 2, 'like': 2, 'a': 4, 'dove': 2,
'that': 2, 'is': 3, 'hiding': 2, 'in': 2, 'rock.': 1,
'the': 1, 'mountains.': 1, 'show': 1, 'your': 2,
'face': 1, 'to': 1, 'me': 2, 'because': 2, 'it': 2,
'lovely.': 1, 'let': 1, 'hear': 1, 'voice': 1, 'has': 1,
'beautiful': 1, 'sound.': 1}
number of words used: 26
```

CHAPTER

14

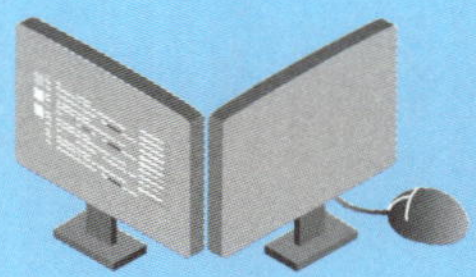

함수 만들기(1)

14.1 함수는 왜 필요한가?

함수function는 자동판매기와 유사한 개념을 가지고 있다고 말할 수 있다. 사용자는 자동판매기에 동전(입력)을 넣고 원하는 물품(결과)을 얻게 되지만 판매기 내부에서 어떤 방식으로 이 모든 과정이 진행되는지는 잘 알지 못한다. 프로그램에서도 마찬가지로 함수의 개념은 입력을 주었을 때 원하는 결과가 나오도록 하되 사용자가 매번 함수의 내부 상세한 작동원리에 관심을 가질 필요가 없도록 해주는 역할을 한다.

- 함수는 파이썬뿐 아니라 다른 컴퓨터 언어에서도 프로그램에서 가장 중요한 개념으로 널리 사용되고 있다.
- 함수는 문제를 해결할 때 커다란 덩어리를 쪼개어 다루기 쉬운 작은 단위로 만들어 준다.
- 함수로 구성된 코드는 관리하기에 쉽다.
- 함수를 사용하면 같은 과정을 매번 다시 코딩할 필요가 없으므로 효율이 증진된다.

- 함수를 만들기 위해서 사용되는 예약어는 def와 return이다.
- def는 함수를 정의해주는 것이며, return은 함수에서 수행된 과정의 결과를 돌려주는 역할을 한다.

14.2 함수의 구성

함수는 함수 이름, 인자, 내용, 반환 값 등으로 구성된다.

```
def function_name(인자):
    내용 .....
    return 반환 값
```

여기서 def는 함수를 정의한다는 의도를 알리는 예약어이다. 다음에 함수의 이름 function_name을 적는다. 함수의 이름을 정할 때는 가능하면 구체적으로 하는 것이 좋다. 예를 들어, def pe(m,h)라고 하기보다는 def potential_energy(m,h)라고 하는 편이 알아보기에 편하다. 인자는 함수에서 사용하고자 하는 요소의 이름이며, 내용은 함수에서 수행하고자 하는 작업을 의미한다. 끝으로 return을 사용하여 함수에서 수행한 결과를 본 프로그램에 돌려주게 된다.

함수 작성 예

실제 알고리즘에서는 동일한 과정을 반복해야 하는 경우가 많다. 그럴 때마다 똑같은 내용을 반복해서 기술하는 것은 매우 비효율적이며 번거롭다. 예를 들어, $3^2 + 4^2 = 25$를 계산하는 프로그램을 pow 함수를 사용하여 작성하면 다음과 같다.

```
a = 3
b = 4
dist = pow(3,2) + pow(4,2)
print(f"3^2 + 4^2 = {dist}")
```

여기서 pow(x,y) 는 x^y을 계산해주는 파이썬의 내장함수이다. 이 프로그램을 실행하면 다음과 같은 결과를 얻는다.

```
3^2 + 4^2 = 25
```

만일 계속해서 숫자를 바꾸어 가며 같은 계산을 하고 싶은 경우는 프로그램 내에서 같은 작업을 하는 부분을 다시 적어주어야 한다. 예를 들어 추가로 $2^2+6^2 = 40$을 구현하기 위해서 다음과 같이 내용을 적어준다.

```
# Bad programming
a = 3
b = 4
dist = pow(3,2) + pow(4,2)
print(f"3^2 + 4^2 = {dist}")
a = 2
b = 6
dist = pow(2,2) + pow(6,2)
print(f"2^2 + 6^2 = {dist}")
```

이 프로그램을 실행하면 결과는 다음과 같다.

```
3^2 + 4^2 = 25
2^2 + 6^2 = 40
```

계산은 올바르게 수행되었지만 같은 방식의 연산을 위해서 같은 내용을 반복해서 적어넣어야 하므로 비효율적이다. 이 경우에는 함수의 개념을 사용하면 매우 편리하다. 앞에서 계산을 수행한 것과 같이 두 수를 각각 제곱하여 합산하기 위해서 two_squares 함수를 다음과 같이 만들 수 있다.

```
# Good programming
def two_squares(a, b):
    c = pow(a,2) + pow(b,2)
    return c

dist = two_squares(3,4)
print(f"2^2 + 6^2 = {dist}")
```

이 프로그램을 실행하면 다음과 같은 결과가 출력된다.

```
2^2 + 6^2 = 25
```

함수 two_squares(3, 4)에서는 $3^2 + 4^2$을 계산하여 c라는 변수에 저장하고, return c을 통해서 계산된 결괏값 c를 돌려주게 된다. 한편, $2^2 + 2^2 = 40$을 수행하기 위해서는 다음과 같이 코드를 추가하면 된다.

```
def two_squares(a, b):
    c = pow(a,2) + pow(b,2)
    return c

dist = two_squares(3,4)
print(f"3^2 + 4^2 = {dist}")
dist = two_squares(2,6)
print(f"2^2 + 6^2 = {dist}")
```

이 프로그램을 실행하면 다음과 같은 결과를 얻는다. 따라서 동일한 알고리즘을 수행하는 부분을 중복되게 코딩할 필요 없이 하나의 함수 two_squares()로 대치할 수 있게 된다.

```
3^2 + 4^2 = 25
2^2 + 6^2 = 40
```

문자열 함수

숫자만이 아니라 문자열에 대한 처리도 함수를 사용하여 효율적으로 수행할 수 있다. 다음의 예제는 리스트 heros에 특정한 인물이 포함되어 있는지를 보기 위한 것이다.

```
def finder(heros,name):
    is_name = name in heros
    return is_name

heros = ["Iron Man", "Thor", "Black Widow"]
finding = finder(heros,"Captain America")
print(finding)
finding = finder(heros,"Black Widow")
print(finding)
```

이 프로그램에서는 리스트 heros에 Captain America라는 이름이 포함되어 있는가를 찾기 위해서 finder라는 함수를 만들어 finder(heros, "Captain America")와 같이 사용하였으며 파이썬에서 제공하는 편리한 기능을 사용하여 name in heros와 같이 간단하게 적을 수 있다. 이때 finder() 함수가 돌려주는 결과 is_name는 참 또는 거짓이 된다. 이 프로그램을 실행하면 결과는 다음과 같다.

```
False
True
```

즉, 첫 번째 결과는 `heros` 리스트에 `'Captain America'`이 없으므로 `False`가 되고, 두 번째는 `'Black Widow'`이 존재하므로 `True`로 출력되었다.

14.3 신체 질량 지수

- 신체 질량 지수Body Mass Index: BMI는 인간의 비만도를 나타내는 지수로, 체중(kg)과 키(m)의 관계의 함수로 표시되고 단위는 kg/m^2이다.

여기서 소개하는 BMI는 서양인을 대상으로 만들어진 것이라 한국인의 비만도와는 다르다는 의견도 있다. BMI는 다음과 같이 체중 `weight`과 키 `height`에 대한 함수로 정의된다.

$$BMI = \frac{weight}{height^2}$$

BMI가 25.0 이상이면 과체중이며, 18.5부터 24.9사이는 정상이라고 판정한다. 다음 프로그램에서 함수 `BMI()`는 입력 인자로는 `weight`와 `height`를 사용하고, 출력으로는 신체 질량 지수 bmi를 주게 된다.

```
def BMI(weight,height):
    bmi = weight/height**2
    return bmi

weight = 78
height = 1.8
```

```
bmi = BMI(weight,height)
print(f"BMI = {bmi:.1f}")
```

이 프로그램에서는 먼저 함수 BMI()를 정의하고, 정의된 함수를 프로그램 중에서 실행시키는 과정으로 구성되어있다. 함수의 입력 인자로 weight = 78, height = 1.8을 정해주었으며 bmi = BMI(weight,height)로 하여 함수에서 계산된 값을 변수 bmi에 저장시켰다. 이 프로그램을 실행시키면 결과는 다음과 같으며 함수를 사용하여 다양한 체중과 키에 대해서 신체 질량 지수를 간편하게 계산할 수 있다.

```
BMI = 24.1
```

14.4 체감온도

- 체감온도WCT: wind chill temperature index는 외부에 있는 사람이 바람과 한기에 노출된 피부로부터 열을 빼앗길 때 느끼는 추운 정도를 나타내는 지수이다.
- 바람이 강해질수록 피부의 열 손실률은 높아지게 되며 체온을 떨어뜨리게 된다.
- 체감온도 산출 식은 2001년 8월 캐나다 토론토에서 열린 Joint Action Group for Temperature Indices(JAG/TI)[6] 회의에서 발표된 것으로 미국과 캐나다 등 북아메리카 국가들을 중심으로 최근에 가장 널리 사용되고 있다.

6 https://ams.cofex.com/ams//15BioAero/techprogram/paper_48069.htm

체감온도[7]는 섭씨 기온 T와 풍속 V(km/h)을 사용하여 다음과 같이 정의된다.

$$WCT = 13.12 + 0.6215T - 11.37V^{0.16} + 0.3965V^{0.16}T$$

위의 공식을 그대로 사용하여 입력 인자로 기온 t과 풍속 v을 사용하는 체감온도 함수 wct()를 만드는 코딩은 다음과 같다.

```
def wct(t,v):
    wct = 13.12 + 0.6215*t - 11.37*v**(0.16) + 0.3965*v**(0.16)*t
    return wct

t = -10
w = 5
wcta = wct(t,w)
print(f"체감온도: {wcta:.0f}C")
```

이 프로그램에서는 체감온도 계산 함수 wct를 정의하고 입력 인자로서 기온은 영하 10도 t = -10 그리고 풍속은 5 km/h w = 5로 주었다. 이 함수에 의해서 계산된 결과는 변수 wcta에 저장되어 출력되었다. 프로그램을 실행하면 다음과 같은 결과를 얻는다.

```
체감온도: -13C
```

다음 표는 체감온도 지수에 따른 주의사항을 정리한 것이다. 예제에서는 체감온도가 영하 13도로 계산되었으므로 주의 단계임을 알 수 있다.

---

7 https://web.kma.go.kr/HELP/basic/help_01_07.jsp

단계	지수범위	설명 및 주의사항
위험	wct < −45	노출된 피부는 몇분내에 얼게 되고, 실내에 머무를 것.
경고	−45 ≤ wct < −25	10~15분 이내 동상 위험이 있고, 바람에 노출되지 않도록 할 것
주의	−25 ≤ wct < −10	매우 찬 기운이 느껴지고, 저체온 위험이 있음
관심	wct > −10	추위를 느끼는 정도가 증가함. 따뜻한 옷 착용

14.5 불쾌지수

- 불쾌지수DI: discomfort index란 기온과 습도의 조합으로 사람이 느끼는 온도를 표현한 것이다.
- 여름철 실내의 무더위의 기준으로서만 사용되고 있을 뿐, 복사나 바람 조건은 포함되어 있지 않기 때문에 그 적정한 사용에는 한계가 있다는 점에 유의하여야 한다.
- 개인에 따라 불쾌지수 값에 따라 불쾌감을 느끼는 정도도 차이가 있다.[8]

불쾌지수[9]는 섭씨 기온 T와 상대습도 RH(%)를 사용하여 다음과 같이 계산된다.

$$DI = \frac{9}{5}T - 0.55\left(1 - \frac{RH}{100}\right)\left(\frac{9}{5}T - 26\right) + 32$$

불쾌지수를 함수 `di()`로 코딩하면 다음과 같으며 입력 인자는 기온 `t`과 상대습도 `rh`이고 결괏값 `dia`이 반환된다.

---

8 https://web.kma.go.kr/HELP/basic/help_01_05.jsp

9 https://doi.org/10.1080/00431672.1959.9926960

```
def di(t,rh):
    dia = 9/5*t-0.55*(1-rh/100)*(9/5*t-26)+32
    return dia

t = 30
rh = 67
DI = di(t,rh)
print(f"불쾌지수: {DI:.0f}")
```

이 프로그램은 불쾌지수 함수 **di**를 정의하고 기온이 30도, 상대습도가 45% 일 때의 값을 계산하는 것이며 결과는 다음과 같다.

```
불쾌지수: 81
```

다음은 불쾌지수의 범위에 따른 설명을 표로 정리한 것이며 예제의 조건(기온 30도, 습도 67%)에 대한 불쾌지수는 81로서 모든 사람들이 불쾌감을 느끼는 정도임을 알 수 있다.

단계	지수범위	설명
매우 높음	80 이상	전원 불쾌감을 느낌
높음	75~80 미만	50% 정도 불쾌감을 느낌
보통	68~75 미만	불쾌감을 나타내기 시작함
낮음	68 미만	전원 쾌적함을 느낌

14.6 부패지수

- 부패지수는 기온이 높고 습할 때 여러 원인에 의한 물질의 부패 정도를 지수화한 것이다.
- 식품의 손상은 주로 습하고 더운 날씨에 많이 발생하므로 여름철동안 식품 관리를 위해 부패지수를 사용한다.
- 부패는 매우 복잡한 과정에 의존하며 단순히 기후만으로 규명하기는 곤란하나 부패에 영향을 주는 요인 중 기온과 습도가 차지하는 역할은 크다고 알려져 있다.
- 상대습도가 65% 이하일 때는 부패가 매우 느리다가 상대습도가 65% 이상이 되고 기온까지 높아지면 매우 빠르게 부패하기 시작한다.

1946년 영국의 C.E.P. Brooks에 의해서 제안된 부패지수는 섭씨온도 T와 상대습도 RH(%)를 사용하여 다음과 같이 정의된다.[10]

$$\text{dei} = \frac{RH-65}{14} \times 1.054^{T}$$

다음은 부패지수를 함수 decay_index()로 코딩한 것이다. 함수의 입력 인자는 온도 t와 상대습도 rh이며 부패지수 dei를 결괏값으로 반환한다.

```
def decay_index(t,rh):
    dei = (rh - 65)/14 * 1.054**t
    return dei

t = 30
rh = 80
dei = decay_index(t,rh)
print(f"부패지수: {dei:.0f}")
```

10 https://web.kma.go.kr/HELP/basic/help_01_03_01.jsp

이 프로그램에서는 온도 30도, 상대습도 80%인 경우를 가정하고 부패지수를 계산하였으며 결과는 다음과 같다.

```
부패지수: 5
```

다음은 부패지수에 관한 내용을 표로 정리한 것이며 예제의 결과는 부패지수가 보통의 단계에 있음을 알 수 있다.

단계	지수범위
높음	dei ≥ 7
보통	3 ≤ dei < 7
낮음	dei < 3

14.7 Quiz

1. 두 수 a, b를 더해서 그 결과를 돌려주는 함수 add2()를 사용하는 프로그램으로 작성하고 a = 2, b = 3일 때의 결과를 보이시오.

2. 두 수 a, b를 곱해서 그 결과를 돌려주는 함수 mul2()를 사용하는 프로그램으로 작성하고 a = 7, b = 2일 때의 결과를 보이시오.

3. 실수 a, b, c를 사용하여 $b^2 - 4ac$를 계산하여 돌려주는 함수 b2ac()를 사용하는 프로그램으로 작성하고 a = 1, b = 5, c = 2일 때의 결과를 보이시오.

4. 실수 a, b, c를 사용하여 $b^2 - 4ac/2a$를 계산하여 돌려주는 함수 bp2ac()를 프로그램으로 작성하고 a = 2, b = 7, c = 1일 때의 결과를 보이시오.

5. 실수 a, b, c를 사용하여 $d = b^2 - 4ac$ 를 계산하여 $d >= 0$일 때만 계산 결과 d 를 돌려주는 함수 `ifb2ac()`를 사용하는 프로그램으로 작성하시오. 그리고 a = 1, b = 5, c = 2일 때와 a = 1, b = 5, c = 2의 결과를 보이시오.

6. 실수 a, b, c를 사용하여 $d = b + b^2 - 4ac$를 계산하여 $d < 0$일 때만 계산 결과 d 를 돌려주는 함수 `ifdb2ac()`를 사용하는 프로그램으로 작성하시오. 그리고 a = 1, b = 2, c = 3일 때와 a = 3, b = 2, c = 1의 결과를 보이시오.

6. 1부터 5까지의 숫자를 제곱하고 그 합을 돌려주는 함수 `s2()`를 사용하는 프로그램으로 작성하시오. 단, 함수의 내부에서 반복을 수행하도록 하시오.

7. 1부터 5까지의 숫자를 제곱하여 그 합을 돌려주는 함수 `s2e()`를 사용하는 프로그램으로 작성하시오. 단, 함수의 외부에서 반복을 수행하도록 하시오.

CHAPTER 15

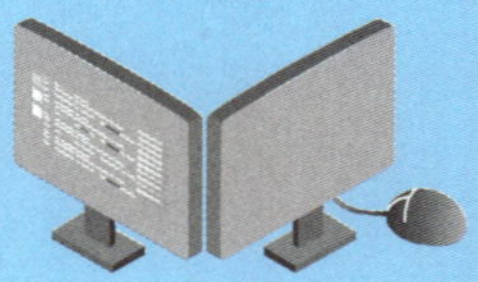

프로젝트: 신체 질량 지수 도표

15.1 사용되는 프로그램 도구

이 프로젝트에서 사용하게 될 프로그램 도구는 다음과 같다.

- `for`
- 리스트
- 함수

15.1 신체 질량지수 계산

신체 질량지수는 인간의 비만도를 나타내는 지수로, 체중(kg)과 키(m)의 관계로 다음과 같이 계산되며 단위는 kg/m^2이다.

$$BMI = \frac{weight}{height^2}$$

- 신체 질량지수[bmi]를 계산할 때 함수를 사용하는 프로그램을 작성하여 다음과 같은 도표를 완성하도록 한다.

	1.6 m	1.7 m	1.8 m
60 kg	?	?	?
70 kg	?	?	?
80 kg	?	?	?

여기서 신체 질량지수를 계산하는 부분을 weight와 height를 입력인자로 받는 함수 BMI()로 정의하여 프로그램을 작성하기로 한다.

```
def BMI(weight,height):
    bmi = weight/height**2
    return bmi

weight = [60.0, 70.0, 80.0]
height = [1.6, 1.7, 1.8]
for wi in weight:
    for hi in height:
        print(f"weight {wi}kg and height {hi}m")
        bmi = BMI(wi,hi)
        print(f"BMI = {bmi:.1f} \n")
```

- 이 프로그램에서 도표에서 표시한 weight와 height을 리스트로 각각 저장한다.
- 도표를 완성하기 위해서는 weight와 height에 대한 반복 과정이 필요하므로 두 개의 for 문을 사용하여 구현하였다.

이 프로그램을 실행하면 결과는 다음과 같으며 두 개의 반복 과정에서 weight와 height 입력자료가 변하는 것을 볼 수 있다.

```
weight 60.0kg and height 1.6m
BMI = 23.4
weight 60.0kg and height 1.7m
```

```
BMI = 20.8
weight 60.0kg and height 1.8m
BMI = 18.5
weight 70.0kg and height 1.6m
BMI = 27.3
weight 70.0kg and height 1.7m
BMI = 24.2
weight 70.0kg and height 1.8m
BMI = 21.6
weight 80.0kg and height 1.6m
BMI = 31.2
weight 80.0kg and height 1.7m
BMI = 27.7
weight 80.0kg and height 1.8m
BMI = 24.7
```

위의 결과를 정리하면 다음과 같이 신체 질량지수의 도표를 완성하게 된다.

	1.6 m	1.7 m	1.8 m
60 kg	23.4	20.8	18.5
70 kg	27.3	24.2	21.6
80 kg	31.3	27.7	24.7

CHAPTER 16

프로젝트: 체감온도 도표

16.1 사용되는 프로그램 도구

이 프로젝트에서 사용하게 될 프로그램 도구는 다음과 같다.

- `for`
- 리스트
- 함수

16.2 체감온도 계산

체감온도[WCT: wind chill temperature index]는 외부에 있는 사람이 바람과 한기에 노출된 피부로부터 열을 빼앗길 때 느끼는 추운 정도를 나타내는 지수이다. 체감온도는 섭씨 기온 T와 풍속 V(km/h)을 사용하여 다음과 같이 계산된다.

$$WCT = 13.12 + 0.6215T - 11.37V^{0.16} + 0.3965V^{0.16}T$$

이 프로젝트에서는 다음 표에서 주어진 체감온도 도표를 완성시키도록 한다.

체감온도	5 km/h	10 km/h	15 km/h
−10C	?	?	?
−20C	?	?	?
−30C	?	?	?

먼저 체감온도를 계산하는 부분을 온도 t와 속도 v를 입력인자로 받는 함수 wct()로 정의하여 프로그램을 작성하기로 한다.

```
def wct(t,v):
    wct = 13.12 + 0.6215*t - 11.37*v**(0.16) + 0.3965*v**(0.16)*t
    return wct

t = [-10, -20, -30]
v = [5, 10, 15]
for ti in t:
    for vi in v:
        print(f"{ti}C and {vi}km/h ")
        wctt = wct(ti,vi)
        print(f"체감온도 = {wctt:.0f}C \n")
```

- 도표에서 표시한 온도 t와 속도 v의 요소를 각각 리스트로 만든다.
- 도표를 완성하기 위해서는 t와 v에 대한 반복 과정이 필요하므로 두 개의 for 문을 사용하여 구현하였다.

이 프로그램을 실행하면 결과는 다음과 같으며 두 개의 반복 과정에서 t와 속도 v의 입력자료가 변하는 것을 볼 수 있다.

```
-10C and 5km/h
체감온도 = -13C
```

```
-10C and 10km/h
체감온도 = -15C
-10C and 15km/h
체감온도 = -17C
-20C and 5km/h
체감온도 = -24C
-20C and 10km/h
체감온도 = -27C
-20C and 15km/h
체감온도 = -29C
-30C and 5km/h
체감온도 = -36C
-30C and 10km/h
체감온도 = -39C
-30C and 15km/h
체감온도 = -41C
```

결과를 정리하면 다음과 같이 체감온도의 도표를 완성하게 된다.

체감온도	5 km/h	10 km/h	15 km/h
–10C	–13	–15	–17
–20C	–24	–27	–29
–30C	–36	–39	–41

CHAPTER 17

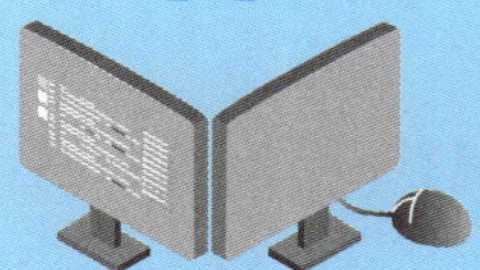

프로젝트: 이자계산

17.1 사용되는 프로그램 도구

이 프로젝트에서 사용하게 될 프로그램 도구는 다음과 같다.

- `for`
- 함수

17.2 이자 계산

은행에서 제공하는 다양한 금융상품에서의 원금에 대한 이자는 단리 이자와 복리 이자로 구분될 수 있다. 함수의 개념을 사용하여 이자를 계산해주는 프로그램을 만들어 보기로 한다.

단리 이자

단리 이자 I는 다음 식으로 계산하며 P은 원금, R은 연이율(%), 그리고 N은 적금거치 기간(년)이다.

$$I = PRN$$

다음 프로그램에서는 원금 50000원을 연이율 2.3%로 3년간 적금을 유지한다고 가정한다.

```
def simple(r,n):
    interest = r*n
    return interest

def amount(p,r,n):
    a = p + p*simple(r,n)
    return round(a)

p = 50000
r = 2.3/100
n = 3
amt = amount(p,r,n)
print(f"{n}년차: 단리총액 {amt}원")
```

- 두 개의 함수를 작성하여 프로그램을 만들기로 하며 simple(r,n) 함수는 년이율 r과 기간 n을 입력하여 이자를 계산해준다.
- amount(p,r,n) 함수에서는 원금 p, 년이율 r, 그리고 기간 n을 입력으로 하여 이자를 포함한 총액 amt을 계산한다.
- 원금 50000원을 연이율 2.3%로 3년간 예치하면 총액은 다음과 같이 계산된다.

```
3년 차: 단리 총액 53450원
```

복리 이자

복리 적금이자와 원금의 합은 다음 식으로 계산하며 P은 원금, R은 연이율(%), 그리고 R은 적금거치 기간(년)이다.

$$A = P(1+R)^N \tag{17.1}$$

- 다음 프로그램에서 원금 50000원을 연이율 2.3%로 3년간 적금을 유지한다고 가정한다.

```
def comp(r,n):
    interest = (1 + r)**n
    return interest

def amount(p,r,n):
    a = p*comp(r,n)
    return round(a)

p = 50000
r = 2.3/100
nt = 3
amt = amount(p,r,n)
print(f"{n}년차: 복리총액 {amt}원")
```

- comp(r,n) 함수는 연이율 r과 기간 n을 입력하여 이자를 계산해준다.
- amount(p,r,n) 함수에서는 원금 p, 연이율 r, 그리고 기간 n을 입력으로 하여 총액 amt을 계산한다.
- 원금 50000원을 연이율 2.3%로 3년간 복리 이자로 예치하면 총액은 다음과 같이 계산된다.

```
3년 차: 단리 총액 53530원
```

이자 비교

이번에는 동일한 원금, 연이율, 그리고 기간을 적용하여 단리와 복리를 각각 적용하였을 때의 총액을 계산해 보기로 한다.

```
def comp(r,n):
    interest = (1 + r)**n
    return interest

def simple(r,n):
    interest = r*n
    return interest

def amount(p,r,n):
    a = p + p*simple(r,n)
    b = p*comp(r,n)
    return round(a),round(b)

p = 50000
r = 2.3/100
for i, n in enumerate(range(1,11),1):
    amt, b = amount(p,r,n)
    print(f"{i}년차: 단리총액 {amt}원 복리총액 {b}원")
```

- 앞에서 작성한 단리 `simple(r,n)` 함수와 복리 `comp(r,n)` 함수를 적용하여 두 경우의 총액을 `amount(p,r,n)`로 계산한다.
- 또한, 예치 기간을 1년부터 10년까지 적용하여 해마다 증가하는 총액을 비교하기로 한다.
- 이를 위해서 `for-enumerate` 구조를 사용한다. `range(1,11)`는 1부터 10까지의 숫자를 의미하며, `enumerate(range(1,11),1)`에서는 인덱스 `i`를 1부터 시작하고자 하는 것이다. 만일 끝에 1을 쓰지 않으면 인덱스

i는 0부터 시작된다.

이 프로그램을 사용하여 단리와 복리의 10년간의 총액을 비교한 결과는 다음과 같다.

```
1년차: 단리총액 51150원 복리총액 51150원
2년차: 단리총액 52300원 복리총액 52326원
3년차: 단리총액 53450원 복리총액 53530원
4년차: 단리총액 54600원 복리총액 54761원
5년차: 단리총액 55750원 복리총액 56021원
6년차: 단리총액 56900원 복리총액 57309원
7년차: 단리총액 58050원 복리총액 58627원
8년차: 단리총액 59200원 복리총액 59976원
9년차: 단리총액 60350원 복리총액 61355원
10년차: 단리총액 61500원 복리총액 62766원
```

CHAPTER 18

프로젝트: 불쾌지수 도표 만들기

18.1 사용되는 프로그램 도구

이 프로젝트에서 사용하게 될 프로그램 도구는 다음과 같다.

- `for`
- `if`
- `elif`
- `else`
- 리스트
- 함수

18.2 불쾌지수 도표 계산

- 불쾌지수[DI: discomfort index]란 기온과 습도의 조합으로 사람이 느끼는 온도를 표현한 것이다.
- 여름철 실내의 무더위의 기준으로서만 사용되고 있을 뿐, 복사나 바람

조건은 포함되어 있지 않기 때문에 그 적정한 사용에는 한계가 있다는 점에 유의하여야 한다.

불쾌지수[DI]는 섭씨 기온 T와 상대습도 RH(%)를 사용하여 다음과 같이 계산된다.

$$DI = \frac{9}{5}T - 0.55\left(1 - \frac{RH}{100}\right)\left(\frac{9}{5}T - 26\right) + 32$$

다음 표는 불쾌지수의 값에 따른 등급과 설명이다.

단계	지수범위	설명	등급
매우 높음	80 이상	전원 불쾌감을 느낌	D
높음	75~80 미만	50% 정도 불쾌감을 느낌	C
보통	68~75 미만	불쾌감을 나타내기 시작함	B
낮음	68 미만	전원 쾌적함을 느낌	A

- 이 프로젝트에서는 다음에 주어진 불쾌지수 도표를 완성하도록 한다.

불쾌지수	20%	30%	40%	50%	60%
20C	?	?	?	?	?
25C	?	?	?	?	?
30C	?	?	?	?	?
35C	?	?	?	?	?
40C	?	?	?	?	?

먼저 불쾌지수를 계산하는 부분을 온도 t와 습도 rh를 입력인자로 받는 함수 discomfort_index()로 정의하여 프로그램을 작성하기로 한다.

```
def discomfort_index(t,rh):
    di = 9/5*t-0.55*(1-rh/100)*(9/5*t-26)+32
```

```
    return di
t = [20, 25, 30, 35, 40]
rh = [20, 30, 40, 50, 60]
for ti in t:
    for rhi in rh:
        print(f"{ti}도, 습도 {rhi}%")
        DI = discomfort_index(ti,rhi)
        print(f"불쾌지수: {DI:.0f} \n")
```

- 도표에서 표시한 t와 rh을 리스트로 각각 저장한다.
- 도표를 완성하기 위해서는 t와 rh에 대한 반복 과정이 필요하므로 두 개의 for 문을 사용하여 구현하였다.

이 프로그램을 실행하면 결과는 다음과 같으며 두 개의 반복과정에서 t와 rh의 입력자료가 변하는 것을 볼 수 있다.

```
20도, 습도 20%
불쾌지수: 64

20도, 습도 30%
불쾌지수: 64

20도, 습도 40%
불쾌지수: 65

20도, 습도 50%
불쾌지수: 65

20도, 습도 60%
불쾌지수: 66

(이후 생략)
```

이 프로그램을 사용하여 얻은 결과를 도표로 정리하면 다음과 같다. 불쾌지수는 모두 숫자로 표시되어 있다.

불쾌지수	20%	30%	40%	50%	60%
20C	64	64	65	65	66
25C	69	70	71	72	73
30C	74	75	77	78	80
35C	79	81	83	85	87
40C	84	86	89	91	94

지수를 등급으로 표시

이번에는 위의 프로그램을 수정하여 숫자로 표시된 불쾌지수를 *A*, *B*, *C*, *D*, *E*. *F*의 여섯 등급으로 표시해 주는 프로그램으로 작성해보기로 한다. 불쾌지수 함수와 인자들에 대한 리스트를 만드는 부분은 앞에서와 같다.

```
def discomfort_index(t,rh):
    di = 9/5*t-0.55*(1-rh/100)*(9/5*t-26)+32
    return di

def level(di):
    if di >= 80:
        return "D"
    elif (di >= 75) and (di < 80):
        return "C"
    elif (di >= 68) and (di < 75):
        return "B"
    else:
        return "A"
    return
```

```
t = [20, 25, 30, 35, 40]
rh = [20, 30, 40, 50, 60]
for ti in t:
    for rhi in rh:
        print(f"{ti}도, 습도 {rhi}%")
        DI = discomfort_index(ti,rhi)
        print(f"불쾌지수: {DI:.0f}")
        print(f"Grade: {level(DI)} \n")
```

- 이 프로그램에서는 불쾌지수의 값에 따라 등급을 부여하는 과정을 **if-elif-else** 구조를 사용하여 구현하였다.
- 앞에서 본 불쾌지수 도표를 완성하기 위해서는 **t**와 **rh**에 대한 반복 과정이 필요하므로 두 개의 **for** 문을 사용하여 구현하였다.

이 프로그램을 실행하면 결과는 다음과 같으며 두 개의 반복 과정에서 바깥쪽과 안쪽의 입력자료가 변하는 것을 볼 수 있다.

```
20도, 습도 20%
불쾌지수: 64
Grade: A

20도, 습도 30%
불쾌지수: 64
Grade: A

20도, 습도 40%
불쾌지수: 65
Grade: A

20도, 습도 50%
불쾌지수: 65
```

```
Grade: A


20도, 습도 60%
불쾌지수: 66
Grade: A

(이하 생략)
```

CHAPTER 19

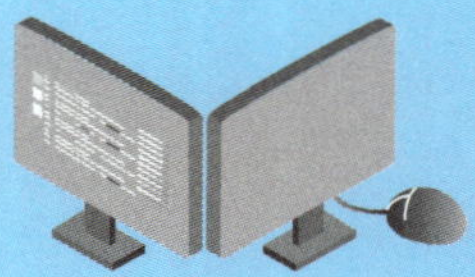

프로젝트: 주차요금 계산

19.1 사용되는 프로그램 도구

이 프로젝트에서 사용하게 될 프로그램 도구는 다음과 같다.

- `for`
- `if-else`
- 문자열
- 리스트
- 함수

19.2 주차요금 시스템

- 주차요금을 계산해주는 시스템을 만들고자 한다.
- 주차요금 시스템은 자동차가 주차장에 입차된 시간과 출차된 시간을 입력하면 주차시간을 분으로 계산하여 주차요금을 알려주는 기능을 갖는다.

다음 표는 우리 주차장의 주차요금표이다.

내용	주차요금
입차 후 30분까지	1000원
매 10분마다	500원 추가

예를 들어, 입차시각이 12시 15분이고 출차시각이 17시 37분이라고 하여 다음 프로그램에서는 입차와 출차시각을 문자열 car_in과 car_out로 각각 지정하였다.

```
car_in = "12:15"
car_out = "17:37"
```

- 위에서 규정한 문자열 변수에서 시각을 꺼내오기 위해서는 시각 문자열에서의 앞의 두 자리가 필요하므로 int(car_out[:2]), int(car_in[:2])와 같이한다.
- 여기서 int 함수를 사용한 이유는 문자열을 숫자(정수)로 바꾸기 위한 것이다.
- 한편, 분 단위 정보를 얻기 위해서는 car_in[3:-1], car_out[3:-1]와 같이해서 문자열에서 뒷자리 두 개를 가져와야 한다.
- 출차시각과 입차시각의 차이를 계산하여 주차시간을 얻어서 분 단위로 변환하기 위해서는 문자열에서 시 h와 분 m을 다음 프로그램에서와 같이 따로 계산해야 한다.

```
h = int(car_out[:2]) - int(car_in[:2])
m = int(car_out[3:-1]) - int(car_in[3:-1])
```

- 주차요금 체계는 입차 후 30분까지는 기본료가 1000원이며 이후로는 10

분 경과 시마다 500원이 추가로 된다. 주차시간을 계산하고 기본료와 시간에 따른 요금을 합산해야 한다.

- 10분당 추가되는 요금을 계산하기 위해서는 `time // 10`에서와 같이 `//` 연산을 사용하는데 이는 나눗셈의 몫을 돌려주는 함수이다. 예를 들어, `35 // 10 = 3`가 된다.
- 주차시간에서 처음 30분은 기본료로 계산해야 하므로 전체 주차시간에서 그만큼을 제외하고 `fee = base + rate*(time // 10)`와 같이 계산해야 한다.

다음 프로그램은 기본료 `base`를 고려하여 주차요금을 계산하는 부분만을 코딩한 것이다.

```
base = 1000
rate = 500
time = h * 60 + m - 30
fee = base + rate*(time // 10)
```

최종적으로 실행 가능한 주차 요금 프로그램은 다음과 같다.

```
car_in = "12:15"
car_out = "17:37"
h = int(car_out[:2]) - int(car_in[:2])
m = int(car_out[3:-1]) - int(car_in[3:-1])
base = 1000
rate = 500
time = h * 60 + m - 30
fee = base + rate*(time // 10)
print(f"주차시간: {time}분")
print(f"주차요금: {fee}원")
```

이 프로그램에서 나온 결과는 다음과 같다.

```
주차시간: 272분
주차요금: 14500원
```

19.3 개선된 주차요금 시스템

앞에서 작성된 주차요금 시스템에서는 계산 시에 주말과 주중의 요금 차이를 구분하지 않고 있다. 이번에는 주말과 주중에 다음 표에서 보는 것과 같이 다른 요금체계를 사용하는 시스템을 구축해보기로 한다. 앞의 경우보다 코딩이 약간 더 복잡해질 수 있으므로 함수를 만들어 처리하도록 한다.

	내용	주차요금
주중	입차 후 30분까지	1000원
	10분마다	500원 추가
주말	입차 후 30분까지	2000원
	10분마다	1000원 추가

- 입차 시간 car_in과 출차 시간 car_out을 입력으로 하여 주차시간을 계산하는 time(car_in,car_out) 함수를 다음과 같이 작성한다.

```
car_in = "12:15"
car_out = "17:37"

def time(car_in,car_out):
    h = int(car_out[:2]) - int(car_in[:2])
    m = int(car_out[3:-1]) - int(car_in[3:-1])
    t = (h*60 + m) - 30
    return t
```

- 주중에는 첫 30분간은 기본료가 1000원이며 그 이후로는 10분당 500원이 추가되는 weekdays() 함수를 다음과 같이 작성한다.

```
def weekdays():
    base = 1000
    rate = 500
    t = time(car_in,car_out)
    fee = base + rate * (t // 10)
    return fee
```

- 주말에는 첫 30분간은 기본료가 2000원이며 그 이후로는 10분당 1000원이 추가되는 weekends() 함수를 다음과 같이 작성한다.

```
def weekends():
    base = 2000
    rate = 1000
    t = time(car_in,car_out)
    fee = base + rate * (t // 10)
    return fee
```

앞에서 주중과 주말에 대한 주차요금 계산을 위한 함수들을 완성하였으므로 다음에는 이를 고려하여 계산하는 프로그램을 작성하기로 한다.

```
wends =["토","일"]

def parking(which):
    if (which in wends):
        parking_fee = weekends()
    else:
        parking_fee = weekdays()
    return parking_fee
```

- 여기서 주차요금을 계산해주는 parking(which) 함수를 만들었으며, 함수 인자 which에 요일을 입력하면 주말과 주중을 구분할 수 있도록 한다.
- 리스트 wends = ["토","일"]로 하여 주말을 지정해 주며 which로 입력된 요일을 주말과 비교하는 문장은 if (which in wends)이다.
- parking() 함수에서 조건문이 참이면 weekend() 함수를 선택하고 거짓이면 weekdays() 함수를 선택하게 된다.

실행 가능한 프로그램은 다음과 같다.

```
car_in = "12:15"
car_out = "17:37"
wends =["토","일"]

def time(car_in,car_out):
    h = int(car_out[:2]) - int(car_in[:2])
    m = int(car_out[3:-1]) - int(car_in[3:-1])
    t = (h*60 + m) - 30
    return t

def weekdays():
    base = 1000
    rate = 500
    t = time(car_in,car_out)
    fee = base + rate*(t // 10)
    return fee

def weekends():
    base = 2000
    rate = 1000
    t = time(car_in,car_out)
    fee = base + rate*(t // 10)
```

```
    return fee

def parking(which):
    if (which in wends):
        parking_fee = weekends()
    else:
        parking_fee = weekdays()
    return parking_fee

fee = parking("월")
print(f"주차요금: {fee}원")
fee = parking("토")
print(f"주차요금: {fee}원")
```

이 프로그램을 실행하면 다음과 같이 주중과 주말에 다른 주차요금 체계로 계산된 결과를 얻는다. 예제에서는 월요일과 토요일에 해당하는 주차요금을 fee = parking("월"), fee = parking("토")로 하여 각각 계산하였다.

```
주차요금: 14500원
주차요금: 29000원
```

CHAPTER 20

프로젝트: 챗봇 만들기

20.1 사용되는 프로그램 도구

이 프로젝트에서 사용하게 될 프로그램 도구는 다음과 같다.

- `for`
- `while`
- `input`
- 문자열
- 리스트
- 함수

20.2 챗봇(chatbot)

챗봇은 인간과 대화를 할 수 있는 수준의 컴퓨터 프로그램이나 인공지능을 의미한다.[11]

---

11 https://en.wikipedia.org/wiki/Chatbot

1950년대에 영국의 Alan Turing[12]은 사람과의 대화를 통해서 기계의 지능을 검증할 수 있다는 가정을 바탕으로 한 이른바 Turing test를 제안하였다. 즉, 이 제안에 따르면 대화하는 사람이 상대방을 기계라고 인지할 수 없다면 그 기계는 상당한 수준의 지능을 가진 것으로 판정할 수 있다고 본다.

파이썬의 리스트 구조를 사용하면 간단한 대화가 가능한 챗봇chatbot을 프로그램으로 구현할 수 있다. 물론, 일상적인 대화를 하기 위해서는 방대한 자료와 인공지능을 구현하기 위한 구제적인 알고리즘이 필요하지만 여기서는 간략하게 챗봇의 기능을 구현하여 보여주는 것을 목적으로 한다.

HAL9000

다음은 대화 상대인 챗봇(HAL9000)[13] 여기서 챗봇 프로그램의 수행 절차는 사용자가 이미 정해져 있는 특정 문장으로 질문하면 챗봇은 그에 해당하는 답문을 출력하는 것으로 한다.

첫 대화

User	HAL9000
"What is your name?"	
	"HAL9000."
"How are you?"	
	"I'm fine."
"Are you Dave?"	
	"No."
"Open the door."	
	"I can't do that."

12 https://en.wikipedia.org/wiki/Alan_Turing

13 HAL9000은 Arthur C. Clarke의 작품 "The Sentinel"에서 아이디어를 따온 것으로서 Stanley Kubrick 감독에 의해서 1968년에 영화화된 "2001: A Space Odyssey"에 나오는 인공지능이다. 원래는 우주 탐사를 하는 인간을 적극적으로 돕기 위해 우주선에 탑재되었으나 나중에는 인간과 관계없이 자신의 결정에 따라 움직이게 되어 탑승한 우주인들을 여러 가지 난관에 처하게 만든다. https://en.wikipedia.org/wiki/HAL_9000

대화방식을 구현하는 다양한 방법이 있으나 이번 장에서는 다음과 같이 사전 구조를 만들어 프로그램을 작성하기로 한다. 위의 표에서 주어진 대화의 모든 내용 중에서 사용자의 대화는 사전 구조 chat의 표제어key로, HAL9000의 대화 부분은 내용value로 각각 설정하기로 한다.

```
chat = {'What is your name?':'HAL9000.',
'How are you?':"I'm fine.",
'Are you Dave?':'No',
'Open the door.':"I can't do that."}

user = 'What is your name?'
print(chat[user])
```

- 이 프로그램에서 사용자가 HAL9000에게 말하는 과정은 user = 'What is your name?'와 같이하여 구현한다.
- 이 질문에 맞는 답을 사전 구조에서 가져오기 위해서 chat[user]로 할 수 있으며 사용자의 질문이 표제어key로 사용되었음을 알 수 있다.
- 사전 구조에서는 표제어로 그와 연관된 값을 불러올 수 있음을 유의한다.

이 프로그램을 실행하면 다음과 같은 결과를 얻는다.

```
HAL9000.
```

화면에서 대화 입력

이번에는 input 함수를 사용하여 사용자가 대화를 화면상에서 키보드로 입력하면 해당하는 대답을 출력하는 프로그램을 작성해보기로 한다. 사전 구조 chat

을 사용하는 것은 위에서와 같다.

```
chat = {'What is your name?':'HAL9000.',
'How are you?':"I'm fine.",
'Are you Dave?':'No',
''Open the door.':"I can't do that."}

print('Enter:')
x = input()
print(chat[x])
```

이 프로그램을 실행시키면 화면에 Enter: 입력문이 보이게 되는데 이때 질문 중의 하나를 직접 키보드로 입력하면 해당하는 대답이 출력된다.

연속 대화 모드

위의 프로그램은 단 한 번의 질문-답변으로 끝나게 되므로 여러 번의 대화를 나누게 하기위해서 반복문 while을 사용하여 다음과 같이 수정하기로 한다.

```
chat = {'What is your name?':'HAL9000.',
'How are you?':"I'm fine.",
'Are you Dave?':'No',
'Open the door.':"I can't do that.}

while True:
    print("Enter:)
    x = input()
    print(chat[x])
```

- 이 프로그램에서 while True로 반복 과정을 설정해 놓으면 그 이하의 내용이 무한 반복된다.

- 즉, 계속해서 화면에 Enter:가 보이게 되고 질문을 입력하면 해당하는 답변을 출력해준다.

다음은 그 결과이며 질문과 답변이 잘 진행되고 있음을 볼 수 있다.

```
Enter:
What is your name?
HAL9000
Enter:
How are you?
I'm fine.
Enter:
```

메뉴 선택 모드

질문을 할 때마다 대화의 내용을 개별적으로 입력하는 것이 불편하므로, 프로그램을 수정해서 대화의 내용을 숫자와 함께 메뉴식으로 보여주기로 한다. 화면에서 메뉴는 다음과 같이 보이도록 하여 사용자가 원하는 대화의 숫자를 선택할 수 있도록 한다.

```
0. What is your name?
1. How are you?
2. Are you Dave?
3. Open the door.
Enter:
```

다음은 메뉴를 숫자로 제공할 수 있도록 수정한 프로그램이다.

```
chat = {'What is your name?':'HAL9000.',
'How are you?':"I'm fine.",
```

```
'Are you Dave?':'No',
'Open the door.':"I can't do that."}

ck = list(chat.keys())

while True:
    for i, cki in enumerate(ck):
        print(f"{i}. {cki}")
    print("Enter:")
    x = int(input())
    chatx = list(chat.keys())[x]
    ans = chat[chatx]
    print(f"HAL9000: {ans} \n")
```

- 사용자의 대화를 숫자와 함께 메뉴로 보여주기 위해서 ck = list(chat.keys())로 한다.
- 여기서 chat.keys()는 사전 구조 chat의 표제어key를 가져오며, 그 결과를 ck에 리스트 형식으로 저장하는 과정이다. 즉, ck는 사용자의 모든 질문이 저장되어 있다.
- while True을 사용하여 무한 반복을 수행하고 있으며, enumerate(ck)를 사용하여 인덱스 i와 내용 cki을 분리하여 print(f"{i}. {cki}")로 출력한다.
- 사용자가 입력하는 메뉴의 숫자는 input()에 의하여 변수 x에 저장되는데 x = int(input())로 하여 입력값을 정수로 변환해 주어야 하는 것에 유의한다.
- 사용자가 메뉴의 숫자를 입력하면 그에 해당하는 질문으로 인도하기 위해서 chatx = list(chat.keys())[x]를 사용하였다.
- 여기서 list(chat.keys())로 한 이유는 chat.keys()는 사전 구조에

서의 표제어key형식이므로 일반적인 방법으로는 내용을 볼 수 없게 되어 이를 리스트로 바꾸어 주어야 하기 때문이다.

프로그램을 실행하면 번호가 달린 메뉴를 화면에서 제공되고 선택한 대화에 대한 답변이 다음과 같이 출력된다.

```
0. What is your name?
1. How are you?
2. Are you Dave?
3. Open the door.
Enter:
3
HAL9000: I can't do that.
0. What is your name?
1. How are you?
2. Are you Dave?
3. Open the door.
Enter:
0
HAL9000: HAL9000.
0. What is your name?
1. How are you?
2. Are you Dave?
3. Open the door.
Enter:
```

종료 모드 추가

앞에서 살펴본 프로그램은 종료 모드가 없어서 무한히 반복된다. 여기서는 대화를 끝내고 싶은 시점에서 숫자 99를 입력하면 프로그램이 종료되는 것으로 구현해 보기로 한다.

```
chat = {'What is your name?':'HAL9000.',
'How are you?':"I'm fine.",
'Are you Dave?':'No',
'Open the door.':"I can't do that."}
ck = list(chat.keys())
while True:
    for i, cki in enumerate(ck):
        print(f"{i}. {cki}")
    print("Enter:")
    x = int(input())
    if x == 99:
        break
    chatx = list(chat.keys())[x]
    ans = chat[chatx]
    print(f"HAL9000: {ans} \n")
```

- 이를 위해서는 if-break 구조를 사용하여 반복 과정 내에 99가 입력되었는지를 검증하고 반복 과정에서 빠져나가는 부분을 넣어주어야 한다.
- 따라서 if x == 99과 break을 다음과 같이 추가한다.
- if 조건문이 참이 되면 break 문을 실행하게 되어 while 구조에서 벗어나게 된다.

이 프로그램을 실행하면 화면에 메뉴가 제시되고 원하는 대화를 선택하면 대답이 출력된다. 대화를 종료하고 싶을 때는 숫자 99를 입력하면 된다.

```
0. What is your name?
1. How are you?
2. Are you Dave?
3. Open the door.
Enter:
1HAL9000: I'm fine.
```

```
0. What is your name?
1. How are you?
2. Are you Dave?
3. Open the door.
Enter:
3HAL9000: I can't do that.
0. What is your name?
1. How are you?
2. Are you Dave?
3. Open the door.
Enter:
99
```

CHAPTER 21

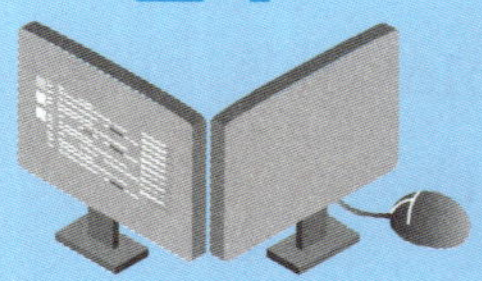

파이썬 라이브러리와 모듈

21.1 파이썬 라이브러리

- 파이썬 자체는 프로그래밍 언어의 관점으로 볼 때 가장 기본적인 내용만 포함하고 있는 가벼운 개체이다.
- 즉, 파이썬을 실행시키면 가장 기본적인 기능 또는 모듈만이 컴퓨터 메모리에 올라가게 된다.
- 만일 추가로 필요한 기능이 있다면 해당하는 라이브러리를 모듈 형태로 하여 불러오는 방식을 택하고 있다.
- 이는 C 언어에서 기본적인 기능만 제공하고 #include <stdio.h>과 같이하여 필요한 부분만을 가져오는 것과 유사하다.
- 이런 방식으로 사용하지 않는 내용을 배제함으로써 불필요하게 컴퓨터 자원이 낭비되는 것을 막을 수 있다는 장점이 있다.

파이썬은 각 분야에 따라 상당한 양의 라이브러리가 계속 갱신 또는 추가되고 있다. 그러므로 자신이 관심 있는 분야를 둘러보면 바로 사용할 수 있는 유용한 라이브러리를 어렵지 않게 찾을 수 있을 것이다. 각 분야에 걸쳐서 가장 많이 사용되는 라이브러리 중에서 행렬 및 수치 계산을 위한 numpy[14], 다양한 이공계 관련 라이브러리인 scipy[15], 그래프에 특화된 matplotlib[16], 데이터 정리및 통계처리에 필요한 pandas[17], seaborn[18] 등이 유명하다.

21.2 라이브러리 사용법

파이썬에서 제공하고 있는 기본적인 기능 이외에도 다양한 기관이나 개인들이 만들어 놓은 효율적인 라이브러리가 많이 있다. 여기서는 그중에서 수학 함수 분야의 라이브러리인 math에 대해서 알아보기로 한다. 파이썬에서는 가장 기본적인 수학적 기능만을 제공하고 있으므로 $\sin(x)$, $\log(x)$, π 등을 사용하기 위해서는 확장된 수학 도구를 제공하는 math 라이브러리가 필요하다. 파이썬에서 사용되는 모든 라이브러리는 모듈 형태로 제공되며 import 명령으로 불러와서 사용할 수 있다. 다음 프로그램에서는 dir 명령을 사용하여 math 모듈에 포함된 수학 함수들의 종류들을 보여주고 있다.

```
import math
print(dir(math))

['__doc__', '__file__', '__loader__', '__name__',
 '__package__', '__spec__', 'acos', 'acosh', 'asin',
 'asinh', 'atan', 'atan2', 'atanh', 'ceil', 'copysign',
 'cos', 'cosh', 'degrees', 'e', 'erf', 'erfc',
 'exp', 'expm1', 'fabs', 'factorial', 'floor',
 'fmod', 'frexp', 'fsum', 'gamma', 'gcd', 'hypot', 'inf',
```

14 Numpy https://www.numpy.org/
15 Scipy https://www.scipy.org/
16 matplotlib https://matplotlib.org/
17 Pandas http://pandas.pydata.org/
18 Seaborn https://seaborn.pydata.org/

```
'isclose', 'isfinite', 'isinf', 'isnan', 'ldexp',
'lgamma', 'log', 'log10', 'log1p', 'log2',
'modf', 'nan', 'pi', 'pow', 'radians', 'remainder',
'sin', 'sinh', 'sqrt', :  'tan', 'tanh', 'tau', 'trunc']
```

위의 결과에서 보는 바와 같이 다양한 수학 함수를 math 라이브러리에서 제공하고 있음을 알 수 있으며 각 항목에 대한 자세한 내용은 math 라이브러리 관련 사이트[19]에서 찾아볼 수 있다.

모듈을 가져오는 방식

사용하고자 하는 파이썬 라이브러리를 가져오는 방식은 크게 세 가지가 있다.

- 첫 번째는 import math로 하여 모듈에 있는 모든 항목을 가져오는 방식이다. 그러나 이것은 사용하지도 않을 항목도 같이 가져오게 되므로 효율적이지 않다고 생각하는 사람들도 있다. 이 방식으로 라이브러리를 불러왔을 때는, sin(x)를 계산하고 싶을 때는 math.sin(x)와 같이하면 된다.
- 두 번째 방식은 from math import log같이 하여 모듈에서 필요한 항목만을 가지고 오는 방법이다. 즉, 오직 log 함수만을 가지고 오는 것이며 log(x)와 같이 사용한다.
- 두 번째 방식의 경우에 만일 sin(x)를 실행하면 오류가 나게 되는데 그 이유는 math모듈에서 오직 log함수만을 가져왔기 때문이다. 이 방식에서는 항목을 사용할 때 math.log(x)가 아니라 log(x)로 하여야 함을 유의한다. 즉, 여러 개의 항목을 불러올 때는 from math import log, sin, cos 등과 같이하면 된다.

[19] https://docs.python.org/3/library/math.html

- 세 번째 방식은 모듈에 대한 별명alias을 만들어서 불러오는 방식이다. `import math as ma`와 같이 선언하고 `ma.log(x)`와 같이하여 필요한 수학 함수를 부른다. 여기서 `ma`는 `math`의 별명이다.

다음 표에서는 모듈을 불러오는 세 가지 방식을 정리하며 보여주고 있다. 어느 방식이든 사용해도 무방하나, 이 책에서는 3번 방식을 주로 사용하기로 한다.

방식	불러오기	사용법
1	`import math`	`math.log(x)`
2	`from math import log`	`log(x)`
3	`import math as ma`	`ma.log(x)`

21.3 공의 최대도달 높이 계산

- 공을 던졌을 때 도달하는 최대 높이를 계산하는 데 있어서 수학 모듈인 `math`를 사용하여 프로그램을 작성하는 방법을 알아보기로 한다.
- 파이썬에서 기본적으로 제공하지 않는 함수, 예를 들어, $\sin(x)$를 불러와서 사용하는 방법을 살펴본다.

수평과 θ의 각도를 이루며 초속도 v_0로 던져진 공이 시간 t에서 도달하는 높이는 다음 식으로 주어진다. 단, 중력 가속도는 $G = 9.8\ \mathrm{m/s^2}$으로 한다.

$$y = v_0 t \sin\theta - \frac{1}{2} G t^2$$

여기서 공이 도달하는 높이를 계산하는 프로그램을 함수의 개념을 사용하여 작성해보기로 한다.

```
import math as ma
G = 9.81

def yt(v0,theta,t):
    yt = v0 * t * ma.sin(theta) - 1/2 * G * t**2
    return yt

v0 = 20
theta_degree = 60
theta = theta_degree * ma.pi / 180.0
t = 3
y = yt(v0,theta,t)
print(f"초기 속도 {v0} m/s")
print(f"투사 각도 {theta_degree} degree")
print(f"{t}초에서의 높이: {y:.2f} m")
```

- 계산 공식에서 삼각함수 sin를 사용하여야 하므로 import math as ma와 같이하여 수학 모듈을 불러온다.
- math 모듈의 별명을 ma로 하였으므로 yt() 함수에서 사용될 sin 함수는 ma.sin()과 같은 형태로 코딩할 수 있다.
- 또한 math 모듈에서 삼각함수는 라디안 값을 기본으로 사용하므로 각도를 라디안으로 변환하여야 한다.
- 이를 위해서 주어진 각도는 $\theta \times \pi / 180$의 변환식을 거쳐야 하므로 math 모듈에 있는 π를 ma.pi와 같이하여 사용하여야 한다.

이 프로그램을 실행하면 다음과 같은 결과를 얻는다.

```
초기 속도 20 m/s
투사 각도 60 degree
3초에서의 높이: 7.82 m
```

만일 일정 시간 구간 $0 \le t \le 6$에서 공이 도달하는 높이를 계산하고자 하면, 위의 프로그램을 수정하여 다음과 같이 작성한다.

```
import math as ma
G = 9.81
def yt(v0,theta,t):
    yt = v0 * t * ma.sin(theta) - 1/2 * G * t**2
    return yt
v0 = 50
theta_degree = 30
theta = theta_degree * ma.pi / 180.0
print(f"초기 속도 {v0} m/s")
print(f"투사 각도 {theta_degree} degree")
for t in range(0,6,1):
    y = yt(v0,theta,t)
    print(f"{t}초에서의 높이: {y:.2f} m")
```

여기서는 시간 영역을 적용하기 위해서 `for`와 `range()`를 사용하였다. 이 프로그램을 실행하면 다음과 같은 결과를 얻는다.

```
초기 속도 50 m/s
투사 각도 30 degree
0초에서의 높이: 0.00 m
1초에서의 높이: 20.09 m
2초에서의 높이: 30.38 m
3초에서의 높이: 30.85 m
4초에서의 높이: 21.52 m
5초에서의 높이: 2.37 m
```

21.4 주사위 던지기

- 주사위를 던지는 시뮬레이션을 수행하는 데 있어서 무작위random 숫자를 얻기 위해서 random 모듈을 사용하여 프로그램을 작성하는 방법을 알아보기로 한다.
- 다음 프로그램에서는 8개의 무작위 수를 만들어 주사위를 던지는 시뮬레이션을 수행하는 데 사용하고자 한다.

```
import random
n = 8
for i in range(n):
    draw = random.randint(1,6)
    print(draw)
```

이 프로그램에서는 random 모듈에 있는 정수를 무작위로 만들어 내는 randint() 함수를 사용하여 주사위 값인 1부터 6까지의 숫자를 모사하고 있다. 이 프로그램을 실행하면 주사위를 8회 던져서 얻을 수 있는 값을 보여준다. 이 프로그램은 무작위 값을 사용하고 있으므로 실행할 때마다 아래에서 표시한 것과 다른 값이 나올 수 있음을 유의한다.

```
1
4
6
5
2
3
3
4
```

- 이번에는 두 개의 주사위를 던져서 나오는 값을 더한 결과를 보여주는 프로그램을 작성하기로 한다.

```
import random
n = 8
for i in range(n):
    draw1 = random.randint(1,6)
    draw2 = random.randint(1,6)
    sum = draw1 + draw2
    print(f"{draw1} + {draw2} = {sum}")
```

여기서는 두 개의 주사위를 동시에 던지는 작업을 8회 수행하여 각각의 주사위에서 나오는 값을 더하여 결과를 보여주는 프로그램을 작성하였다. 이 프로그램을 실행하면 다음과 같은 결과를 얻는다. 이 프로그램에서도 무작위 값은 실행할 때마다 다른 결과를 얻게 됨을 유의해야 한다.

```
2 + 5 = 7
3 + 6 = 9
5 + 2 = 7
5 + 6 = 11
6 + 2 = 8
1 + 3 = 4
5 + 4 = 9
3 + 3 = 6
```

21.5 다양한 라이브러리

파이썬에서는 학문의 거의 모든 분야에 걸쳐서 다양한 라이브러리를 제공하고 있으며, 계속해서 갱신되고, 새로운 항목이 추가되고 있다. 다음에서는 가장 널리 사용되는 라이브러리를 간략하게 소개하고 있다.

Numpy

파이썬 프로그래밍 언어를 위한 라이브러리이며, 특별히 배열이 관련된 계산을 하기 위한 많은 고급 수학 함수들과 함께 다차원 배열과 행렬에 대한 도구를 제공한다.

Matplotlib

파이썬 프로그래밍 언어와 NumPy에서의 결과를 그래프 등의 그림을 그려주는 라이브러리이다. Numpy와 함께 가장 널리 사용되고 있다.

Seaborn

Matplotlib을 기반으로하는 파이썬 데이터 시각화 라이브러리이다. Matplotlib 보다 더 고급한 그래픽을 그려줄 수 있으며, 논문 등에 사용될 그림을 그리는데 적합하다.

pandas

데이터 분석을 위해 파이썬 프로그래밍 언어용으로 작성된 소프트웨어 라이브러리이다. 특히, 수치 테이블과 시계열을 조작하기 위한 데이터 구조와 작업을 제공한다.

위에서 소개한 라이브러리를 제대로 사용하기 위해서는 어느 정도의 기본지식이 필요하며, 보다 능숙한 사용을 위해서는 직접 매뉴얼을 보면서 공부하는 것이 좋다. 위의 라이브러리 외에도 파이썬에서 제공하는 다양한 라이브러리가 있으며, 자신의 관심분야에 따라 적절하게 선택하여 사용할 수 있다. 또한, 각 라이브러리를 사용하는 모임이 결성되어 있는 경우가 대부분으로, 다른 사용자들로부터 도움을 받기도 쉽다.

21.6 사설 모듈

- 파이썬 정식라이브러리에서 제공되는 것이 아닌 개인적으로 필요한 기능과 자료를 따로 모아 새로운 모듈을 만들 수도 있다.
- 같은 프로젝트를 수행하고 있는 팀원들끼리 공유되는 내용을 사용하게 하기 위해서도 유용하게 사용될 수 있다.
- 사설 모듈도 파이썬 공식 모듈과 유사한 형태로 불러와서 사용될 수 있다.

예를 들어, 영미 단위(inch, pound) 등을 SI(mm, kg) 단위로 변환해야 하는 일이 자주 있다면 그때마다 프로그램에 해당 부분을 추가하는 것은 아주 번거롭다. 여기서는 `eng2si`라는 모듈을 작성해서 사용하는 방법을 설명하기로 한다.

사설 모듈 작성(1)

- 사설 모듈을 작성할 때는 Jupyter notebook에서 하지 말고, 편집기를 사용하여 작성하여야 한다.
- 편집기는 텍스트를 편집할 수 있는 것이면 종류와 관계없이 가능하다.
- 편집기를 실행시켜서 다음과 같이 작성한 후 `eng2si.py`라는 제목으로 저장한다.

```
def message():
    print("inch to mm, pound to kg")
```

- 같은 디렉터리에서 Jupyter notebook로 새로운 노트를 만들어서 다음과 같이 입력하여 결과를 확인한다.

```
import eng2si
eng2si.message()
```

만일 사설 모듈이 제대로 연결되었다면 위에서 지정한 내용이 다음과 같이 출력될 것이다.

```
inch to mm, pound to kg
```

- 사설 모듈은 현재 사용하고 있는 Jupyter notebook과 같은 디렉터리에 있어야 한다[20].
- 이번에는 인치를 입력하면 mm로 바꾸어 주는 함수를 사설 모듈 `eng2si`에 추가하기로 한다.

편집기로 `eng2si.py`를 열고 1 inch = 25.4 mm이므로 다음과 같은 내용을 추가하고 저장한다.

```
def message():
    print("inch to mm, pound to kg")
def inch2mm(inch):
    i2m = inch * 25.4
    print(f'{inch} in. = {i2m:.2f} mm")
```

다음은 프로그램에서 앞에서 작성한 사설 모듈을 `import eng2si`와 같이 하여 불러온다.

---

20 컴퓨터상의 어느 디렉터리에서나 사설 모듈을 불러올 수 있도록 경로를 지정해 놓을 수도 있으나 여기서는 간편함을 위해서 작성하고 있는 프로그램과 사설 모듈이 같은 디렉터리에 있는 것으로 가정한다.

```
import eng2si
eng2si.inch2mm(5)
```

이 프로그램을 실행하면 결과는 다음과 같으며 eng2si.inch2mm(5)로부터 inche2mm() 함수는 사설 모듈 eng2si에서 불러왔으며, 잘 작동하고 있음을 알 수 있다.

```
5 in. = 127.00 mm
```

다음은 1인치부터 10인치까지를 for 문을 써서 한꺼번에 출력한 것이다.

```
import eng2si
for i in range(1,11):
    eng2si.inch2mm(i)
1 in. = 25.40 mm
2 in. = 50.80 mm
3 in. = 76.20 mm
4 in. = 101.60 mm
5 in. = 127.00 mm
6 in. = 152.40 mm
7 in. = 177.80 mm
8 in. = 203.20 mm
9 in. = 228.60 mm
10 in. = 254.00 mm
```

사설 모듈 작성(2)

이번에는 중력 가속도 상수로 G = 32.2를 모듈에 내장하여 사용해 보기로 한다. 편집기로 eng2si.py를 열어서 다음과 같은 내용을 추가하고 저장한다.

```
G = 32.2
def message():
    print("inch to mm, pound to kg")
def inch2mm(inch):
    i2m = inch * 25.4
    print(f'{inch} in. = {i2m:.2f} mm")
```

같은 디렉터리에서 Jupyter notebook로 노트를 만들어서 다음과 같이 입력하여 결과를 확인한다.

```
import eng2si
print(f"G = {eng2si.G} ft^2/sec")
```

모듈 eng2si에서 정의된 상수 G를 불러오기 위해서 eng2si.G를 사용한 결과는 다음과 같다.

```
G = 32.2 ft^2/se
```

위에서 사설 모듈 eng2si을 사용하여 함수 inch2mm와 상수 G에 접근하는 방법을 알아보았다. 따라서 자주 사용하는 내용을 모듈로 만들어 놓으면 같은 작업을 반복적으로 하게 되는 개인이나 팀원들이 사용하기에 유용할 것이다.

CHAPTER 22

프로젝트: 공의 움직임

22.1 사용되는 프로그램 도구

이 프로젝트에서 사용하게 될 프로그램 도구는 다음과 같다.

- `for`
- 리스트
- 함수

22.2 공의 움직임에 대한 계산

- 임의의 각도로 던져진 공이 도달할 수 있는 최대 높이, 체공시간, 도달 거리 등을 계산하고자 한다.
- 각 항목을 계산할 수 있는 함수를 만들어 사용한다.
- 수학 함수의 사용에 필요한 모듈인 `math`를 불러온다.

수평과 θ의 각도를 이루며 속도 v_0로 던져진 공이 도달할 수 있는 최대 높이

h_{max}, 최대 체공시간 t_{maxm}, 그리고 최대 도달거리 d_{max}는 다음과 같은 식으로 주어진다.

$$h_{max} = \frac{v_0^2 \sin^2\theta}{2g}$$

$$t_{max} = \frac{v_0 \sin\theta}{g}$$

$$d_{max} = \frac{v_0^2}{g}\sin(2\theta)$$

여기서 높이, 시간, 그리고 도달거리를 계산하는 프로그램을 함수의 개념을 사용하여 작성해보기로 한다. 단, 중력 가속도는 $G = 9.8\text{m/s}^2$으로 한다. 다음 프로그램에서는 높이 `h_max()`, 시간 `t_max()`, 그리고 도달거리 `d_max()` 함수들을 사용하여 계산하도록 한다. 또한, 삼각함수 계산을 위해서 `math` 모듈을 불러오고, 각도를 라디안으로 바꾸어 주는 부분도 코딩에 추가하기로 한다.

```
import math as ma
G = 9.81
def h_max(v0,theta):
    hmax = v0**2 * ma.sin(theta)**2 / (2*G)
    return hmax

def t_max(v0,theta):
    tmax = v0 * ma.sin(theta) / G
    return tmax

def d_max(v0,theta):
    dmax = v0**2 / G * ma.sin(2*theta)
    return dmax

v0 = 30
theta_degree = 45
```

```
theta = theta_degree * ma.pi / 180.0
print(f"초기 속도 {v0} m/s")
print(f"투사 각도 {theta_degree} degree")
print(f"최대 높이: {h_max(v0,theta):.2f} m")
print(f"최대 체공 시간: {t_max(v0,theta):.1f} sec")
print(f"최대 도달 거리: {d_max(v0,theta):.2f} m")
```

이 프로그램을 실행하면 다음과 같은 결과를 얻는다.

```
초기 속도 30 m/s
투사 각도 45 degree
최대 높이: 22.94 m
최대 체공 시간: 2.2 sec
최대 도달 거리: 91.74 m
```

- 이번에는 위 프로그램을 수정하여 공이 수평과 이루는 각도를 네 가지로 바꾸어 가면서 최대 높이, 체공 시간, 그리고 도달거리를 계산할 수 있도록 한다.

```
import math as ma
G = 9.81
def h_max(v0,theta):
    hmax = v0**2 * ma.sin(theta)**2 / (2*G)
    return hmax

def t_max(v0,theta):
    tmax = v0 * ma.sin(theta) / G
    return tmax

def d_max(v0,theta):
    dmax = v0**2 / G * ma.sin(2*theta)
```

```
    return dmax

v0 = 30
theta_degree = [15,30,45,60]
print(f"초기 속도 {v0} m/s)
for theta_i in theta_degree:
    theta = theta_i * ma.pi / 180.0
    print(f"투사 각도 {theta_i} degree")
    print(f"최대 높이: {h_max(v0,theta):.2f} m")
    print(f"최대 체공 시간: {t_max(v0,theta):.1f} sec")
    print(f"최대 도달 거리: {d_max(v0,theta):.2f} m \n")
```

이 프로그램에서는 각도를 리스트 theta_degree로 주고 for를 이용하여 다음과 같은 결과를 얻는다.

```
초기 속도 30 m/s
투사 각도 15 degree
최대 높이: 3.07 m
최대 체공 시간: 0.8 sec
최대 도달 거리: 45.87 m
투사 각도 30 degree
최대 높이: 11.47 m
최대 체공 시간: 1.5 sec
최대 도달 거리: 79.45 m
투사 각도 45 degree
최대 높이: 22.94 m
최대 체공 시간: 2.2 sec
최대 도달 거리: 91.74 m
투사 각도 60 degree
최대 높이: 34.40 m
최대 체공 시간: 2.6 sec
최대 도달 거리: 79.45 m
```

CHAPTER 23

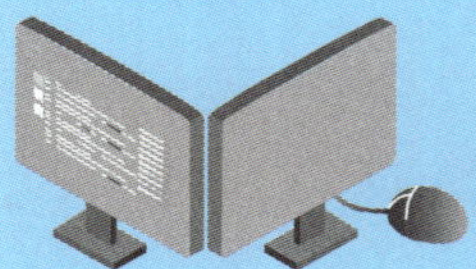

함수 만들기(2)

23.1 함수와 변수의 유효범위

- 해결하고자 하는 문제를 프로그래밍하는 과정은 알고리즘적인 창의성이 요구된다.
- 복잡한 문제일수록 한꺼번에 해결하는 그것보다는 다루기 쉬운 작은 덩어리로 나누어 생각하는 것이 더 효율적이다.
- 함수의 사용은 알고리즘과 직접 연관되어 있으므로 적절한 함수의 사용은 프로그램의 효율성을 크게 증진시킬 수 있다.
- 함수를 효과적으로 설계하고 사용하기 위해서는 변수의 유효범위에 대한 지식이 필수적이다.
- 변수는 유효범위에 따라 전역변수global variables와 국부변수local variables로 나누어질 수 있다.

23.2 변수 사용에서의 주의점

- 파이썬에서 사용하는 변수는 위치에 따라 그 유효범위가 정해져 있다.

프로그램의 전 영역에서 유효한 전역변수global variable와 제한된 범위에서만 인정되는 국부변수local variable가 있다.

- 큰 프로그램을 작성하다 보면 전역변수와 국부변수에서 의도하지 않게 동일한 변수명을 사용하는 수가 있다.
- 이런 경우에는 잘못된 부분이 쉽게 눈에 보이지 않기 때문에 프로그램을 교정하기에 어려울 수 있다.

전역변수

다음의 프로그램에서 정의된 G = 9.81은 전역변수로서 프로그램 전체에서 유효하다.

```
G = 9.81
def fun_1(x):
    return True

def fun_2(x):
    return True
```

즉, 두 개의 함수 fun_1()과 fun_2()에서 g를 사용할 수 있게 된다. 즉, 프로그램의 전 영역에서 볼 수 있는 변수를 전역변수라고 한다.

국부변수

프로그램의 제한된 영역에서만 유효한 변수를 국부변수라고 한다. 국부변수를 사용하면, 전역변수와는 달리 사용되는 영역에서의 제한성에 걸리게 된다.

```
def fun_1(x):
    h = 1.2
    return True
```

```
def fun_2(x):
    return True
```

이 프로그램에서 사용한 h = 1.2는 오직 함수 fun_1() 내에서만 보이며 fun_2()에서는 사용할 수 없다. 만일 함수 fun_2()에서 h가 사용되면 오류가 나게 된다.

- 다수의 함수를 사용하여 코딩할 때는 사전에 전역변수와 국부변수의 구분을 고려하면서 전체 구성을 가져가야 한다.
- 코딩할 때 가능하면 전역변수를 많이 사용하지 않는 것이 각 함수의 독립성을 유지하는 데 도움이 되며 프로그램을 디버깅할 때도 유리한 점이 많다.

유효범위 예시

다음 프로그램에서는 G를 전역변수로 선언하였으므로 fall() 함수 내에서의 연산이 가능하다.

```
G = 9.81
def fall(t):
    dist = 0.5 * G * t**2
    return dist

d = fall(5)
print(f"fall = {d}")
```

이 프로그램을 실행하면 결과는 다음과 같다.

```
fall = 122.625
```

- 다음 프로그램에서는 G가 정의되지 않았다는 오류를 낸다.

```
def fall(t):
    G = 9.81
    dist = 0.5 * G * t**2
    return dist

t = 10
s = fall(t)
print(f"G = {G}, s = {s}")
```

오류가 난 이유는 fall() 함수 내부에서 정의된 G를 사용하고자 했으나 국부변수이므로 함수의 외부에서는 보이지 않기때문이다.

```
NameError: name 'G' is not defined
```

- 다음 프로그램은 상수 G를 전역변수로 지정하고 함수 funa()와 funcb() 에서 사용하는 경우를 보여주고 있다.

```
G = 9.81
def funa(t):
    G = 32.1
    ans = 0.5 * G * t**2
    return ans

def funb(t):
    ans = 0.5 * G * t**2
    return ans
print(funa(3))
print(funb(3))
```

이 프로그램을 실행하면 다음과 같은 결과를 얻게 되며, 함수 funa()에서는

G가 국부변수의 값이 사용되었고, 함수 funb()에서는 전역변수로 사용되어 다른 계산 결과를 나타냄을 알 수 있다.

```
144.45000000000002
44.145
```

23.3 함수를 사용하지 않는 경우

- 전역변수와 국부변수를 지정하는 방법에 따라서 프로그램의 구조가 크게 달라진다.
- 또한, 함수를 사용하는 경우에는 변수 범위의 결정에 신중해야 한다.

초기 속도 v_0(m/s), 가속도 a(m/s^2)로 달리는 자동차의 t시간 후의 주행거리 s(m)를 계산하는 공식은 다음과 같이 주어진다.

$$s = v_0 t + \frac{1}{2} a t^2$$

이처럼 단순한 결과만을 얻고자 할 때는 반드시 함수를 도입할 필요는 없을 것이다. 그럼에도 불구하고 적절한 함수의 사용은 문제의 내용을 파악하고 필요한 결과를 도출해내는 데 있어서 도움을 줄 수 있다. 주어진 공식을 코딩하면 다음과 같으며, 자동차의 초기 속도는 10 m/s, 가속도는 3 m/s^{2}로 주고 10초 후의 주행거리를 계산하는 프로그램이다.

```
v0 = 10
a = 3
t = 10
s = v0 * t + 0.5 * a * t**2
print(f"s = {s} m")
```

이 프로그램에서 사용된 세 개의 변수의 유효범위에 따라 분류하면 다음과 같다. 프로그램에서 사용된 변수는 모두 전역변수의 개념으로 사용되었다.

변수	유효범위
v0	전역
a	전역
t	전역

이 프로그램을 실행시키면 다음과 같은 결과를 얻는다.

```
s = 250.0 m
```

23.4 함수를 사용하는 경우

앞에서는 함수를 전혀 사용하지 않고 결과를 내는 프로그램을 작성하였다. 그러나 이번에는 적극적으로 함수를 사용하여 프로그램을 작성하기로 한다. 물론 프로그램을 작성할 때 어떤 함수를 어떤 방식으로 사용해야 하는가에 대한 유일한 정답은 존재하지 않는다. 그러나 함수를 사용하면서 어떤 사항들을 입력으로 간주하고, 어떤 항목들을 결과물로 얻고자 하는 가를 사전에 잘 설계해야 한다. 따라서, 함수를 사용하여 프로그래밍할 때는 전역변수와 함수의 인자 또는 국부변수를 잘 구분해서 결정해야 한다. 처음에는 이러한 설계가 어려울 수도 있으나 몇 번의 시행착오를 거치다 보면 더욱 효율적인 프로그램을 만들 수 있을 것이다.

하나의 함수만 사용

다음은 주행거리를 계산하는 과정을 하나의 함수 `dist()`로 만든 경우이다. 여기서 유의할 점은 함수의 입력 인자는 시간 t이며 주행거리를 반환한다는 점이다. 또한, 초기 속도 **v0**와 가속도 **a**는 함수의 외부에서 설정되었으므로 전역변수가 된다. 다음 프로그램에서 작성될 함수와 인자는 다음 표에서와같이 정리할 수 있다.

변수	유효범위	함수 인자
v0	전역	X
a	전역	X
t	국부	O

위의 사항을 반영하여 다음과 같은 프로그램을 작성하였다.

```
v0 = 10
a = 3

def dist(t):
    s = v0 * t + 0.5 * a * t**2
    return s

s5 = dist(5)
s10 = dist(10)
print(f"s(5) = {s5} m")
print(f"s(10) = {s10} m")
```

이 프로그램에서 v0 = 10, a = 3는 모두 전역변수로 설정되었으므로 프로그램 전역에서 사용될 수 있으며, 반면에 t는 국부변수이므로 선언된 함수 내에서만 통용될 수 있다. 이런 방식으로 함수를 구성하면 시간에 따른 주행거리를 **dist(5)**와 같이하여 계산할 수 있다. 위의 프로그램을 실행시키면 다음의 결과에서 보는 것과 같이 **t = 5, 10**일 때의 주행거리를 구할 수 있다.

```
s(5) = 87.5
s(10) = 250.0
```

두 개의 함수를 사용하는 프로그램(1)

앞에서는 주어진 시간에서의 주행거리를 한 번에 계산하는 방식을 사용하였다. 이번에는 주행거리를 두 영역으로 분리하여, 하나는 초기 속도에 의한 거리를 계산하고, 두 번째로는 가속도에 의한 주행거리를 각각 계산하는 방식을 구현해 보기로 한다.

첫 번째 함수 **init()**는 초기 속도에 의한 거리 계산을 위한 함수이며, 두 번째 함수 **acc()**는 가속도에 의한 거리 계산을 위한 것이다. 다음의 표에서 각각의 함수와 변수의 사용 방식을 정리하여 보였다.

변수	유효범위	init(t)	acc(t)
t	국부	O	O
v0	전역	X	X
a	전역	X	X

다음 프로그램에서 사용된 변수 **v0**와 **a**는 전역변수로 설정되었으며, **t**는 함수에서만 유효한 국부변수로 결정되었다.

```
v0 = 10
a = 3
def init(t):
    si = v0 * t
    return si

def acc(t):
    sa = 0.5 * a * t**2
```

```
    return sa

si5 = init(5)
sa5 = acc(5)
st5 = si5 + sa5
print(f"si(5) = {si5} m")
print(f"sa(5) = {sa5} m")
print(f"st(5) = {st5} m")
```

이 프로그램을 실행하면 다음과 같이 각각의 항목에 따라 주행거리가 분리되어 계산되었음을 알 수 있다. 이 프로그램에 있는 두 개의 함수로부터 각각 init(5)와 acc(5)로 하여 5초 후의 값을 항목에 따라 계산할 수 있다.

```
si(5) = 50 m
sa(5) = 37.5 m
st(5) = 87.5 m
```

두 개의 함수를 사용하는 프로그램(2)

이번에는 앞에서와 동일하게 두 개의 함수를 사용하지만, 함수의 입력 인자에 변화를 주어 프로그램을 수정해 보기로 한다. 다음 표에서 각 함수와 변수의 사용 방식을 정리하여 보였으며 세개의 변수가 모두 국부변수임을 유의한다. 첫 번째 함수인 init(t,v0)에서는 입력인자를 t와 v0로 하였고, 두 번째 함수인 acc(t,a)에서는 t와 a가 입력인자로 사용된다.

변수	유효범위	init(t)	acc(t)
t	국부	O	O
v0	국부	O	X
a	국부	X	O

이러한 방식의 프로그램 수정은 단순히 변수의 유효범위 변경이 아니라 프로그램의 전반적인 알고리즘의 변화를 동반하게 되므로 초반부터 주의 깊게 고려하는 것이 필요하다.

```
def init(t,v0):
    si = v0 * t
    return si

def acc(t,a):
    sa = 0.5 * a * t**2
    return sa

si = init(5,15)
sa = acc(5,2)
st = si + sa
print(f"si(5) = {si} m")
print(f"sa(5) = {sa} m")
print(f"st(5) = {st} m")
```

이 프로그램에서 사용되는 두 개의 함수는 모두 국부변수에만 의존하고 있으므로 초기 속도 15 m/s로 5초 동안 진행하였을 때의 주행거리는 `init(5,15)`와 같이 불러올 수 있다. 유사한 방법으로 2 m/s^2의 가속도로 5초 동안 진행한 거리는 `acc(5,2)`이다. 이러한 방식으로 함수를 설계하는 경우는 초기 속도와 가속도의 값을 변화시켜가면서 주행거리를 계산해 보고 싶은 경우에 유용하다. 이 프로그램을 실행하면 결과는 다음과 같이 주어진다.

```
si(5) = 75 m
sa(5) = 25.0 m
st(5) = 100.0 m
```

만일 전역변수만을 사용하는 경우에는 일반적으로 프로그램의 구성이 비효율적으로 된다. 예를 들어 (v0 = 10, a = 3)와 (v0 = 15, a = 2)인 경우를 각각 계산하여 비교하고 싶은 경우에 v0, a를 전역변수로 하여 사용하면 프로그램은 다음과 같이 주어진다. 이 프로그램에서 즉각적으로 확인할 수 있는 것은 동일한 과정이 중복되어 기술되어 있어서 코드 양이 늘어났고 더 복잡해졌음을 알 수 있다. 따라서 적절한 함수의 사용은 효율적인 프로그래밍에 있어서 필수적인 요소가 된다.

```
def init(t):
    si = v0 * t
    return si

def acc(t):
    sa = 0.5 * a * t**2
    return sa

v0 = 10
a = 3
si = init(5)
sa = acc(5)
st = si5 + sa5
print(f"si(5) = {si} m")
print(f"sa(5) = {sa} m")
print(f"st(5) = {st} m")

v0 = 15
a = 2
si = init(5)
sa = acc(5)
st = si5 + sa5
print(f"si(5) = {si} m")
print(f"sa(5) = {sa} m")
print(f"st(5) = {st} m")
```

국부변수만을 이용한 프로그램

이번에는 같은 문제를 국부변수만을 사용하여 해결할 수 있도록 다음과 같이 프로그램을 구성하기로 한다. 즉, 세개의 함수를 구성하고 각각의 입력 인자에 해당하는 변수들을 할당하는 방법이다. 이번 프로그램에서 사용되는 세개의 변수는 모두 국부변수로 설계되었다.

변수	유효범위	init(t,v0)	acc(t,a)	total(t,v0,a)
t	국부	O	O	O
v0	국부	O	X	O
a	국부	X	O	O

이 프로그램은 다음과 같이 초기 속도와 가속도에 의한 거리 계산을 위한 함수 **init()**와 **acc()**, 그리고 거리 합산을 위한 **total()** 함수로 구성되었으며 모든 변수가 국부변수로 설정되었으므로 최종 단계에서 **total(5,10,3)**와 같이 하여 결과를 얻을 수 있게 된다.

```
def init(t,v0):
    si = v0 * t
    return si

def acc(t,a):
    sa = 0.5 * a * t**2
    return sa

def total(t,v0,a):
    st = init(t,v0) + acc(t,a)
    return st

s = total(5,10,3)
print(f"s(5) = {s} m")
```

이 프로그램을 실행시키면 결과는 다음과 같다.

```
s(5) = 87.5 m
```

CHAPTER 24

프로젝트: 만유인력계산

24.1 사용되는 프로그램 도구

이 프로젝트에서 사용하게 될 프로그램 도구는 다음과 같다.

- for
- 리스트
- 함수

24.2 프로젝트 내용

- 두 물체에 작용하는 인력을 계산하기 위해서, 함수를 사용하지 않는 경우와 함수를 사용하는 경우를 각각 고려하여 프로그램을 작성한다.
- 전역변수와 국부변수의 유효범위를 고려하여 함수를 작성하는 방법을 생각해본다.

뉴턴이 제안한 만유인력 법칙에서 두 물체 사이에서 작용하는 인력은 다음과 같은 식으로 표시된다.

$$F = G\frac{m_1 m_2}{r^2}$$

여기서 F는 두 물체 사이에서 작용하는 힘, m_1, m_2는 두 물체의 질량, 그리고 r는 두 물체 사이의 거리, 그리고 $G = 6.674 \times 10^{11}\mathrm{m}^3\mathrm{kg}^1\mathrm{s}^2$는 중력 상수이다.

함수를 사용하지 않는 경우

다음은 함수를 사용하지 않고 만든 프로그램이며 모든 변수가 전역변수로 선언되어 사용되었다.

```
G = 6.674e-11
m1 = 1000000
m2 = 200000
x1 = 3
x2 = 1
r = x2 - x1
f = G * (m1 * m2) / r**2
print(f"f = {f:.2f} N")
```

이 프로그램을 실행하면 결과는 다음과 같다.

```
f = 3.34 N
```

함수를 사용하는 경우

이번에는 두 물체의 거리 변화에 따른 인력 계산을 위하여 두 개의 함수를 사용하고자 한다.

```
G = 6.674e-11
m1 = 1000000
```

```
m2 = 200000
def r(x1,x2):
    rsq = (x2 - x1)**2
    return rsq

def force(x1,x2):
    rsq = r(x1,x2)
    f = G * (m1 * m2) / rsq
    return f
```

- 함수 r()는 두 물체의 거리를 계산하고, 함수 force는 그 결과를 이용하여 두 물체 간의 인력을 구하는 방식으로 진행할 수 있다.
- 1차원 공간으로 생각하여 두 물체의 위치가 x1와 x2로 주어지면 두 물체의 사이의 거리는 r = x2 - x1으로 계산할 수 있다.
- 그리고 계산 공식에서는 거리의 제곱이 필요하므로 r()에서는 거리의 제곱을 계산하여 돌려주도록 한다.
- 두 물체의 거리에 따른 인력의 변화를 보는 것이 주 관심사이므로 함수 r()에서 두 물체의 위치를 국소변수(입력)로 지정하는 것이 좋다. 따라서 두 물체의 위치를 입력인자로 하는 함수 r(x1,x2)로 설정한다.
- 다음은 두 물체의 거리를 변화시키면서 달라지는 인력을 계산할 수 있는 프로그램을 작성하기로 한다.

```
x1s = [0,1,2,3]
x2s = [9,8,7,6]
for x1, x2 in zip(x1s,x2s):
    f = force(x1,x2)
    print(f"({x1}, {x2}), f = {f:.2f} N")
```

- 두 물체의 거리를 변화시켜가면서 인력을 계산할 것이므로 두 물체의

위치를 `x1s = [0,1,2,3]`, `x2s = [9,8,7,6]`와 같이 리스트로 만든다.

- 두 물체의 위치가 짝으로 이루어져야 하므로, 예를 들어, (0,9), (1,8) 등의 구조로 사용하기 위해서 다음과 같이 `zip()` 함수를 사용하면 편리하다.

앞에서 설명한 모든 과정을 고려하여 실행가능한 프로그램으로 작성하면 다음과 같다.

```
G = 6.674e-11
m1 = 1000000
m2 = 200000
def r(x1,x2):
    rsq = (x2 - x1)**2
    return rsq

def force(x1,x2):
    rsq = r(x1,x2)
    f = G * (m1 * m2) / rsq
    return f

x1s = [0,1,2,3]
x2s = [9,8,7,6]
for x1, x2 in zip(x1s,x2s):
    f = force(x1,x2)
    print(f"({x1}, {x2}), f = {f:.2f} N")
```

이 프로그램을 실행하면 다음과 같은 결과를 얻는다.

```
(0, 9), f = 0.16 N
(1, 8), f = 0.27 N
(2, 7), f = 0.53 N
(3, 6), f = 1.48 N
```

24.3 2차원 공간에서의 인력 계산

- 2차원 공간에서는 물체의 위치가 (x_1, y_1), (x_2, y_2)와 같이 주어지므로 두 물체 간의 거리를 구하는 방식이 다음과 같이 수정되어야 한다.

$$r = \sqrt{(x_2 - x_1)^2 + (y_2 - y_1)^2}$$

- 또한, 계산 공식에서는 거리의 제곱 값이 필요하므로 제곱근의 제곱이 되어 제곱근 내의 식을 다음과 같이 그대로 사용하면 된다.
- 인력을 계산하는 함수 force()도 거리를 사용하는 부분을 다음과 같이 수정하여 사용한다.

```
def r(x1,y1,x2,y2):
    rsq = (x2 - x1)**2 + (y2 - y1)**2
    return rsq

def force(x1,y1,x2,y2):
    rsq = r(x1,y1,x2,y2)
    f = G * (m1 * m2) / rsq
    return f
```

앞에서의 수정사항을 반영하고, 두 물체의 위치를 다음에 있는 표를 참고하여 리스트로 설정한다.

x_1	y_1	x_2	y_2
0	0	9	3
1	1	8	4
2	2	7	5
3	3	6	6

- 두 물체의 위치는 (x,y)로 되어 각각 두 개씩이 되므로 모두 네개의 리스트 x1s, y1s, x2s, y2s로 만들어진다.
- 각각의 쌍에 대해서 인력을 계산하려면 zip()함수를 사용하는 것이 편리하다.

실행가능한 프로그램으로 작성하면 다음과 같다.

```
G = 6.674e-11
m1 = 1000000
m2 = 200000
def r(x1,y1,x2,y2):
    rsq = (x2 - x1)**2 + (y2 - y1)**2
    return rsq

def force(x1,y1,x2,y2):
    rsq = r(x1,y1,x2,y2)
    f = G * (m1 * m2) / rsq
    return f

x1s = [0,1,2,3]
y1s = [0,1,2,3]
x2s = [9,8,7,6]
y2s = [3,4,5,6]

for x1,y1,x2,y2 in zip(x1s,y1s,x2s,y2s):
    f = force(x1,y1,x2,y2)
    print(f"({x1}, {y1}), ({x2}, {y2}) f = {f:.2f} N")
```

이 프로그램을 실행하면 결과는 다음과 같다.

```
(0, 0), (9, 3) f = 0.15 N
(1, 1), (8, 4) f = 0.23 N
(2, 2), (7, 5) f = 0.39 N
(3, 3), (6, 6) f = 0.74 N
```

앞에서의 여러가지 예를 통하여, 주어진 문제를 함수를 사용하여 더욱 다루기 쉬운 작은 문제로 만드는 방법들에 대하여 학습하였다. 그러므로, 다수의 함수를 사용하는 경우에는 처음부터 변수의 유효성을 신중하게 고려하여 설계해야 한다.

CHAPTER 25

프로젝트: 최종속도 계산

25.1 사용되는 프로그램 도구

이 프로젝트에서 사용하게 될 프로그램 도구는 다음과 같다.

- `for`
- 리스트
- 함수
- 모듈(라이브러리)

25.2 프로젝트 내용

- 높은 곳에서 자유낙하로 떨어지고 있는 물체는 공기의 저항을 받기 때문에 무한대의 속도를 가질 수 없다.
- 따라서 도달할 수 있는 최대 속도를 최종속도terminal velocity라고 하며 다음과 같이 정의된다.

$$v_t = \sqrt{\frac{2mg}{\rho C_D A}}$$

여기서 v_t는 최종속도(m/s), m은 물체의 질량(kg), g는 중력 가속도(m/s^2), ρ는 공기밀도(kg/m^3), C_D는 항력계수(무차원), 그리고 A는 물체의 단면적(m^2)이다.

- 최종속도를 계산하는 데 있어서, 함수를 사용하지 않는 경우와 함수를 사용하는 경우를 각각 고려하여 프로그램을 작성한다.

25.3 함수를 사용하지 않는 경우

함수를 사용하지 않고 최종속도를 계산하는 프로그램은 다음과 같다. 앞에서 주어진 방정식을 그대로 코딩하여 옮겨 놓았으므로 특별히 더 설명이 필요없을 것으로 본다.

```
import math as ma
g = 9.81
rho = 1.225
cD = 1.05
m = 70
A = 3
vt = ma.sqrt((2.0 * m * g)/(rho * cD * A))
print(f"vt = {vt:.2f} m/s")
```

모든 변수가 전역변수로 설계되었으며, 이 프로그램을 실행하면 다음과 같은 결과를 얻는다.

```
vt = 18.87 m/s
```

25.4 함수를 사용한 경우

이번에는 함수를 사용하여 최종속도를 계산하는 방식으로 프로그램을 작성하기로 한다. 함수를 사용하기 위해서는 먼저 전체적인 그림을 생각해야 한다. 즉, 어떤 부분을 함수로 만드는 것이 가장 효율적이며 이해하기 쉬운가를 생각하여야 한다.

단일 입력 인자

- 여기서는 낙하 물체의 질량에 따라서 달라지는 최종속도를 계산하는 것을 목적으로 한다고 가정한다.
- 이렇게 되면 질량 m을 변수로 가지는 함수 vt()을 다음과 같이 작성할 수 있다.
- 질량 이외의 모든 상수 및 변수는 전역변수로 간주하여 함수의 외부에서 정의한다.
- 수학함수인 sqrt를 사용하기 위해서 import math as ma와 같이하여 math 모듈을 불러들인다.

위의 사항들을 고려하여 다음과 같은 프로그램을 작성하였다.

```
import math as ma
g = 9.81
rho = 1.225
cD = 1.05
A = 3

def vt(m):
    v = ma.sqrt((2.0 * m * g)/(rho * cD * A))
    return v
```

```
vti = vt(70)
print(f"vt = {vti:.2f} m/s")
```

이 프로그램을 실행시키면 결과는 다음과 같다.

```
vt = 18.87 m/s
```

복수의 입력 인자

앞에서는 물체의 질량 m만을 인자로 사용하였으나 이번에는 물체의 단면적 A을 추가해서 두 개의 입력인자를 사용하는 함수를 작성하기로 한다. 그러므로 함수는 vt(m,A)와 같은 형식을 갖게 된다. 이 프로그램에서는 질량 70 kg, 단면적 3 m^2의 경우를 계산하며 vt(70,3)으로 함수를 실행한다.

```
import math as ma
g = 9.81
rho = 1.225
cD = 1.05

def vt(m,A):
    v = ma.sqrt((2.0 * m * g)/(rho * cD * A))
    return v

vti = vt(70,3)
print(f"vt = {vti:.2f} m/s")
```

이 프로그램을 실행하면 결과는 다음과 같다.

```
vt = 18.87 m/s
```

25.5 최종속도 도표 만들기

- 이번에는 다음의 표를 완성하기 위한 프로그램을 작성해보기로 한다.

Mass/Area	$3m^2$	$4m^2$	$4m^2$
70 kg	?	?	?
80 kg	?	?	?
90 kg	?	?	?

- 표에 의하면 질량은 70, 80, 90 kg의 세 종류로, 단면적은 3, 4, 5 m^2으로 세 종류가 되어 모두 9개의 경우를 계산해야 한다.
- 앞에서 작성한 함수 `vt(m,A)`를 그대로 사용한다고 하면, 질량과 단면적의 값을 차례로 사용하여 최종속도를 계산하는 과정이 필요하다.
- 이를 위해서 질량과 단면적 값을 갖는 리스트 `ms = [70,80,90]`, `ars = [3,4,5]`를 만들어서 사용할 수 있다.
- 두 개의 반복문이 필요하게 되므로 `for mi in ms`와 `for ai in ars`을 사용하여 모든 경우의 조합을 함수에 적용하여 결과값을 계산한다.

위의 사항들을 고려하여 다음과 같은 프로그램을 작성하였다.

```
import math as ma
g = 9.81
rho = 1.225
cD = 1.05

def vt(m,A):
    v = ma.sqrt((2.0 * m * g)/(rho * cD * A))
    return v
```

```
ms = [70,80,90]
ars = [3,4,5]
for mi in ms:
    for ai in ars:
        vti = vt(mi,ai)
        print(f"m = {mi} kg, A = {ai} m^2, vt = {vti:.2f} m/s")
```

프로그램을 실행한 결과는 다음과 같다.

```
m = 70 kg, A = 3 m^2, vt = 18.87 m/s
m = 70 kg, A = 4 m^2, vt = 16.34 m/s
m = 70 kg, A = 5 m^2, vt = 14.61 m/s
m = 80 kg, A = 3 m^2, vt = 20.17 m/s
m = 80 kg, A = 4 m^2, vt = 17.47 m/s
m = 80 kg, A = 5 m^2, vt = 15.62 m/s
m = 90 kg, A = 3 m^2, vt = 21.39 m/s
m = 90 kg, A = 4 m^2, vt = 18.53 m/s
m = 90 kg, A = 5 m^2, vt = 16.57 m/s
```

CHAPTER

26

함수를 인자로 받는 함수

26.1 함수와 인자

앞에서 살펴본 바와 같이 함수는 프로그램에서 중심적 역할을 하는 개체이며 다양한 형식의 인자를 입력으로 받을 수 있다. 또한, 흥미롭게도 함수를 다른 함수의 인자로도 사용할 수도 있다. 이렇게 하면 프로그램이 간단해지고 디버깅하기에도 유리한 점이 있다.

```
def function(f,a):
    c = f(a)
    return c
```

- 이 프로그램에서는 함수 f와 변수 a를 인자로 입력받는 function() 함수를 보여주고 있다.
- 즉, function() 함수에서는 다른 인자들과 마찬가지로 함수 f자체도 하나의 인자로 간주한다. 여기서 f는 외부에서 정의된 함수의 이름이다.

- function() 함수에서는 다른 함수 f를 입력인자로 받아서 f(a)를 계산한 결과를 반환하는 것으로 생각하면 된다.

26.2 다각형 둘레 길이 계산

함수를 인자로 받는 함수의 사용 예를 다음 프로그램에서 설명하기로 한다. 삼각형과 사각형 변의 길이 a를 입력하면 삼각형과 사각형의 둘레 길이를 계산해 주는 함수 triangle()와 square()를 각각 다음과 같이 정의한다.

```
def triangle(a):
    return 3*a

def square(a):
    return 4*a

def length(f,a):
    return(f(a))

tri = length(triangle,3)
sqr = length(square,3)
print(f"leng_triangle = {tri} cm")
print(f"leng_square = {sqr} cm")
```

- 여기서 유의해서 보아야할 함수 length(f,a)에서는 입력인자로 함수 f와 변의 길이 a을 사용하여 삼각형의 둘레는 length(triangle,3)로 하고, 사각형의 둘레는 length(square,3)로 하여 계산한다.
- 두 함수 traingle와 square이 함수 length의 인자로 각각 사용되었음을 볼 수 있다.

이 프로그램을 실행하면 결과는 다음과 같다.

```
leng_triangle = 9 cm
leng_square = 12 cm
```

26.3 제곱 계산을 위한 함수

- 다음 프로그램에서는 함수 fun2fun(f,x)에서 두 개의 입력 인자를 받는데 첫 번째는 f로서 함수를 인자로 받는다.
- 여기서 f는 아직 정해지지 않았으며, 다음 프로그램에서는 pow3와 pow4를 사용하고 있다.
- 함수 fun2fun에서는 받은 함수의 값에 2배를 곱해서 결과로 돌려주게 된다.

```
def pow3(x):
    x3 = pow(x,3)
    return x3

def pow4(x):
    x4 = pow(x,4)
    return x4

def fun2fun(f,x):
    y = 2*f(x)
    return y
```

위의 내용을 정리해서 다음 프로그램에서는 fun2fun(pow3,2)는 pow3를 그리고 fun2fun(pow2,2)는 pow2를 각각 인자로 받아서 결과를 내고 있다. 첫 번째는 $2^3 = 16$이며, 두 번째는 $2^2 = 8$이다.

```
def pow3(x):
    x3 = pow(x,3)
    return x3

def pow2(x):
    x2 = pow(x,2)
    return x2

def fun2fun(f,x):
    y = 2*f(x)
    return y

af = fun2fun(pow3,2)
bf = fun2fun(pow2,2)
print(f"f = {af}")
print(f"f = {bf}")
```

이 프로그램을 실행하면 결과는 다음과 같다.

```
af = 16
bf = 8
```

26.4 복잡한 함숫값 계산

- 함수 자체를 인자로 받아서 처리하는 방식을 응용하면 복잡한 내용을 가지는 함수를 계산하는 데도 효율적으로 사용할 수 있다.

- 예를 들어, 두 함수의 곱으로 정의되는 $f(g(x))$ 또는 $g(f(x))$ 등과 같은 내용도 다음과 같이 코딩할 수 있다.

```
def comp_fg(f,g):
    return f(g(x))
```

- 예를 들어, $\cos(2 * (0.5e^x + 0.7))$와 같은 함수를 계산하고자 할 때 수식을 그대로 옮겨 놓아서 복잡하게 보인다.
- 이러한 경우에는 $f(x) = \cos(2x)$와 $g(x) = 0.5e^x + 0.7$의 두 개의 개별함수로 분리하여 $f(g(x))$로 최종 결과를 계산하는 것이 편리할 수 있다.
- 또한, $0.5e^{\cos(2x)} + 0.7$인 경우에는 와 $g(f(x)) = 0.5e^{\cos(2x)} + 0.7$와 같이 놓고 계산할 수 있다.

위의 내용을 표로 정리해 보면 다음과 같다.

$f(x) = \cos(2x)$	$g(x) = 0.5e^x + 0.7$
$f(g(x)) = \cos(2*(0.5e^x + 0.7))$ $g(f(x)) = 0.5e^{\cos(2x)} + 0.7$	

- 다음 프로그램에서는 `math` 라이브러리에 있는 `cos()`와 `exp()` 함수를 사용하기 위해서 `import math as ma`를 선언한다.
- 함수 `f(x)`와 `g(x)`를 위의 표에 따라 정의한다.
- $f(g(x))$는 `fg(f,g,x)`로, $g(f(x))$는 `gf(f,g,x)`와 같이 정의한다.
- `x = 2` 에서의 함숫값 $f(g(2))$를 계산하기 위해서는 `fg(f,g,2)`면 된다.

```
import math as ma
def g(x):
    return ma.cos(2*x)
```

```
def f(x):
    return 0.5*ma.exp(x) + 0.7

def fg(f,g,x):
    return f(g(x))

def gf(f,g,x):
    return g(f(x))

cfg = fg(f,g,2)
cgf = gf(f,g,2)
print(f"f(g({2}))= {cfg:.4f}")
print(f"g(f({2}))= {cgf:.4f}")
```

이 프로그램을 실행시키면 결과는 다음과 같다.

```
f(g(2))= 0.9601
g(f(2))= -0.8046
```

26.5 Quiz

1. 반지름을 입력하여 원의 면적과 둘레 길이를 계산하는 프로그램을 작성하고자 한다. 원의 면적은 `area(r)`, 원의 둘레 길이 `peri(a)`라는 함수를 사용하는 `leng(f,r)` 함수를 작성하고 `r = 3`일 때의 면적과 둘레 길이를 각각 출력하시오.

2. x를 입력하여 $\sin(2x + 1)$과 $\cos(2x + 1)$을 계산하는 프로그램을 만들고자 한다. `fsin(x)`, `fcos(x)`라는 함수를 사용하는 `sc(f,x)` 함수를 작성하고 $x = \pi$일 때의 결과를 각각 출력하시오.

3. e^{x-2}을 $f(g(x))$와 같은 함수로 간주하여 계산하는 프로그램을 작성하되 $f(x)$

= e^x로 하시오. 프로그램을 이용하여 $f(g(2))$의 값을 계산하시오.

4. $\sin(3x + 1)$을 $f(g(x))$와 같은 함수로 간주하여 계산하는 프로그램을 작성하되 $f(x) = \sin(x)$로 하시오. 프로그램을 이용하여 $f(g(\pi))$의 값을 계산하시오.

5. $\cos(e^x)$을 $f(g(x))$와 같은 함수로 간주하여 계산하는 프로그램을 작성하되 $f(x) = \cos(x)$로 하시오. 프로그램을 이용하여 $f(g(\pi))$의 값을 계산하시오.

6. $e^{\sin(4x-3)}$을 $f(g(x))$와 같은 함수로 간주하여 계산하는 프로그램을 작성하되 $f(x) = e^x$로 하시오. 프로그램을 이용하여 $f(g(\pi))$의 값을 계산하시오.

7. $1/\sin(x-1)$을 $f(g(x))$와 같은 함수로 간주하여 계산하는 프로그램을 작성하되 $f(x) = 1/x$로 하시오. 프로그램을 이용하여 $f(g(\pi/2))$의 값을 계산하시오.

8. $\sqrt{2e^x}$을 $f(g(x))$와 같은 함수로 간주하여 계산하는 프로그램을 작성하되 $f(x) = \sqrt{x}$로 하시오. 힌트: 제곱근은 math 라이브러리에 있는 sqrt 함수를 사용하시오. 프로그램을 이용하여 $f(g(2))$의 값을 계산하시오.

CHAPTER

27

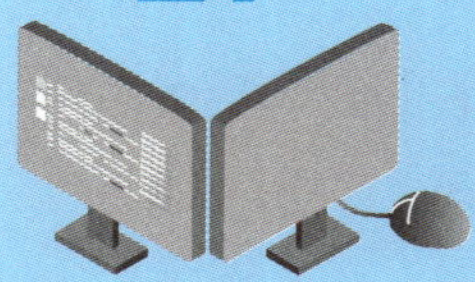

파일 관리

이 프로젝트에서 사용하게 될 프로그램 도구는 다음과 같다.

- for
- with
- open()
- reader()
- writer()
- 리스트
- csv 모듈

27.1 파일 읽기와 쓰기

- 파일을 읽어서 자료를 가져오거나, 반대로 자료를 파일에 쓰기 위해서는 파이썬에서는 기본적으로 open() 함수를 사용한다.
- 파일 함수는 f = open(파일명, 모드)이며, 여기서 f는 파일명에 해당하

는 파일을 가르치는 파일 변수이다.

- 파일 모드는 다음과 같이 읽기, 쓰기, 그리고 추가하기로 나누어진다.

모드(mode)	내용
r	파일을 읽기 위한 모드
w	파일에 쓰기 위한 모드
a	파일에 추가하기 위한 모드

- 읽기와 쓰기를 위한 기본적인 함수에는 read()와 write()가 있다.
- 파이썬의 객체지향 프로그래밍 방침에 따라서 이 두 함수는 객체인 파일 f에 대한 함수의 적용이라는 개념으로 구현된다.
- 따라서 읽기와 쓰기는 f.read()와 f.write()로 각각 코딩할 수 있다.

27.2 파일에 문자열 쓰기와 읽기

파일에 쓰기

- 다음은 파일 note_one.txt를 쓰기 모드로 만든 후에 문자열 Hello World를 파일에 적어 넣는 프로그램이다.
- 문자열을 변수 msg1에 저장한 후 write() 함수를 사용하여 f.write(msg1)과 같이하여 파일에 써넣게 된다.
- 여기서 유의해야 할 점은 작업을 마친 후에는 반드시 f.close() 명령을 수행하여 파일을 안전하게 닫아주어야 한다는 것이다.

```
f = open("note_one.txt","w")
msg1 = "Hello World"
```

```
f.write(msg1)
f.close()
```

프로그램을 실행하면 현재 디렉터리에 note_one.txt 파일이 생성되고, 편집기를 사용하여 파일을 열어보면 Hello World가 기록되어 있는 것을 확인할 수 있다.

세 개의 문자열 쓰기

- 다음 프로그램은 파일 note_two.txt을 쓰기 모드로 하여 세 개의 문자열을 파일에 기록하는 내용이다.
- 각 문자열의 끝에 있는 \n은 줄을 바꾸라는 명령이며 write() 함수를 사용하여 문자열을 파일에 쓰게 된다.
- 여기서 note_two.txt 파일은 open() 함수에 의해서 f라는 객체로 지정되었으므로 쓰기 명령은 f.write()와 같이하여 수행된다.

```
f = open("note_two.txt","w")
msg1 = "Hello World \n"
msg2 = "Welcome to Python \n"
msg3 = "Python is fun \n"
f.write(msg1)
f.write(msg2)
f.write(msg3)
f.close()
```

프로그램을 실행하면 세 개의 문자열이 파일에 기록되고, 편집기를 사용하여 note_two.txt 파일을 열어보면 문자열이 다음과 같이 기록되어 있는 것을 확인할 수 있다.

```
Hello World
Welcome to Python
Python is fun
```

읽기

- note_one.txt파일에 저장된 자료를 읽어오기 위해서는 open() 함수를 사용하여 해당 파일을 읽기 모드로 지정한다.
- 그다음에는 read() 함수를 사용하여 문자열을 읽어오게 되며 실제로는 f.read()와 같은 형식으로 사용한다.

```
f = open("note_one.txt","r")
print(f.read())
f.close()
```

이 프로그램을 실행하면 파일에 있는 문자열을 읽어오게 되며 결과는 다음과 같다.

```
Hello World
```

- 다음 프로그램에서는 note_two.txt 파일에 저장된 문자열을 읽어오기 위해서 파일을 읽기 모드로 f = open("note_two.txt","r")와 같이 선언하고 read() 함수를 사용하여 파일 내용을 읽어온다.
- 흥미로운 사실은 read() 함수는 파일에 저장된 모든 문자열을 한꺼번에 읽어온다는 것이다.

```
f = open("note_two.txt","r")
print(f.read())
f.close()
```

이 프로그램을 실행하면 결과는 다음과 같다.

```
Hello World
Welcome to Python
Python is fun
```

파일에 쓰고 읽어오기

다음은 기존의 파일을 open("note_two.txt","a")와 같이 하여 추가 모드로 지정하고 새로운 문자열 Let's learn Python을 추가한 후에 파일을 닫는다. 그다음에는 파일을 읽기 모드로 열고 파일의 전체 내용을 읽어오는 프로그램이다.

```
f = open("note_two.txt","a")
msg = "Let’s learn Python"
f.write(msg)
f.close()

f = open("note_two.txt","r")
print(f.read())
f.close()
```

이 프로그램을 실행하면 다음과 같은 결과를 얻게 되어 새로운 문자열이 파일에 추가되었음을 알 수 있다.

```
Hello World
Welcome to Python
Python is fun
Let's learn Python
```

read( ) 없이 읽어오기

- 앞에서는 파일의 내용을 읽어오기 위해서 read() 함수를 사용하였으나, 파이썬의 for와 리스트 기능만을 사용하여 다음과 같이 프로그램을 작성할 수 있다.
- 먼저 open() 함수를 사용하여 파일 변수 f를 생성한다. 이때 파일 변수에는 암시적으로 파일의 모든 내용이 저장된다.
- 따라서 for msg in f와 같은 형식을 사용하면 파일에 있는 내용이 차례로 msg 변수에 저장되게 되며 이를 출력하면 원하는 결과를 얻게 된다.

```
f = open("note_two.txt","r")

for msg in f:
    print(msg)
f.close()
```

이 프로그램을 실행하면 다음과 같은 결과를 얻는다.

```
Hello World

Welcome to Python

Python is fun

Let's learn Python
```

27.3 파일에 숫자 쓰기와 읽기

- 파일에 문자열을 쓰는 것과 숫자를 쓰는 방식은 약간 다르다.
- 파일을 읽기 또는 쓰기로 모드를 정하는 것은 동일하나 `write()` 함수를 사용할 때 유의해야 한다.

다음은 `number.txt` 파일을 쓰기 모드로 정하고 숫자 3000을 파일에 쓰도록 프로그램을 작성해보기로 한다.

```
f = open("number_one.txt","w")
a = 3000
f.write(a)
f.close()
```

이 프로그램을 실행하면 다음과 같은 오류 정보를 내면서 종료된다. 즉, `write()` 함수에 인자로 들어갈 수 있는 것은 문자열이며 숫자는 안된다는 오류이다.

```
TypeError: write() argument must be str, not int
```

그러므로 숫자를 파일에 써넣기 위해서는 문자로 인식될 수 있도록 하는 것이 필요하다.

- 문제를 해결하기 위한 몇 가지 방법이 있지만 `write()`에서 숫자를 문자로 인식하게 하려고 출력형식을 사용하는 것이 가장 간편하다.
- 즉, 숫자 3000을 문자열로 인식되게 하려고 `f.write(f"{a}")`와 같이 고쳐서 코딩한다.

다음은 숫자를 파일에 쓰는 프로그램이다.

```
f = open("number_one.txt","w")
a = 3000
f.write(f"{a}")
f.close()
```

이 프로그램을 실행시킨 후, 편집기로 파일을 열어보면 숫자 3000이 저장되어 있음을 알 수 있다. 이번에는 30, 60,100의 세 숫자를 파일에 쓰고 읽어오는 프로그램을 작성해보기로 한다. 다른 내용은 앞에서 설명한 것과 유사하나 `f.write(f"{a} \n")`와 같이 출력형식에 줄 바꿈 기호인 `\n` 을 반드시 넣어주어야 한다. 만일이 기호가 생략되면 파일에는 세 숫자가 모두 붙어서 `30160100`과 같은 형식으로 저장된다.

```
f = open("number_two.txt","w")
a = 30
b = 60
c = 100
f.write(f"{a} \n")
f.write(f"{b} \n")
f.write(f"{c} \n")
f.close()
f = open("number_two.txt","r")
print(f.read())
f.close()
```

이 프로그램을 실행시키면 다음과 같은 결과를 얻는다.

```
30
60
100
```

27.4 with 문을 사용하는 경우

앞에서는 파일을 사용할 때 open() 함수를 사용하였다. 이번에는 파이썬에서 제공하고 있는 보다 일반적인 with를 사용하여 파일을 다루어 보기로 한다. with의 장점은 다음과 같다.

- with는 보다 간략한 문법을 제공하고 파일 사용 중 발생하는 오류에 대해서도 잘 준비되어 있다.
- 그러므로, 단순히 open() 함수를 사용하는 것보다 with로 사용하는 것이 권장된다.
- with를 사용하면 파일의 개폐를 자동으로 처리해 주기 때문에 close() 함수를 사용할 필요가 없다.
- with open("파일명") as file:로 선언하여 사용한다.

다음 프로그램은 with를 사용하여 세 개의 문자열 msg1, msg2, msg3을 note_three.txt 파일에 써넣는 프로그램이다. 앞에서의 프로그램과 비교하였을 때 겉으로 보기에는 특별한 변화가 보이지는 않으나 단순히 open() 함수만을 사용하였을 때 보다 내재적으로 잘 설정된 오류 처리 기능들이 함께 사용되었음을 유의한다.

```
with open("note_three.txt","w") as f:
    msg1 = "Hello World \n"
    msg2 = "Welcome to Python \n"
    msg3 = "Python is fun \n"
    f.write(msg1)
    f.write(msg2)
    f.write(msg3)
```

다음 프로그램은 note_three.txt파일에서 문자열을 읽어오는 데 있어서 with를 사용한 예이며 파일 변수는 f로 설정하였다. 다른 부분은 앞에서의 경우와 같다.

```
with open("note_three.txt","r") as f:
    data = f.read()
    print(data)
```

이 프로그램을 실행시키면 결과는 다음과 같다. 과정이 끝날 때 close() 함수가 사용되지 않았음을 유의한다.

```
Hello World
Welcome to Python
Python is fun
```

다음 프로그램에서는 파일을 추가 모드로 하여 We all love it \n을 파일에 추가하고, 파일에 있는 전체 내용을 읽어오는 과정을 표시하고 있다.

```
msg = "We all love it \n"
fname = "note_three.txt"
with open(fname,"a") as f:
    f.write(msg)
with open(fname,"r") as f:
    print(f.read())
```

이 프로그램을 실행시키면 결과는 다음과 같다.

```
Hello World
Welcome to Python
Python is fun
We all love it
```

27.5 CSV 파일 다루기

- CSV(comma-separated values) 파일은 자료를 저장할 때 사용되는 형식의 하나로서 주로 마이크로소프트 엑셀 등이 만들어내는 자료를 담을 때 많이 사용된다.
- CSV 파일은 1, 2, 3 등과 같이 자료 사이를 쉼표로 분리해서 기록한다.
- CSV 형식의 파일을 관리하기 위해서는 csv 라이브러리를 사용하는 것이 편리하다.

CSV 파일에 쓰기

다음의 표에서는 몇 가지의 자동차 이름, 제조사, 그리고 가격을 보여주고 있다.

name	maker	price ($)
Malibu	Chevrolet	22965
Fusion	Ford	23735
Accord	Honda	24615
Sonata	Hyundai	23185
Altima	Nissan	24645
Camry	Toyota	24765

위 자료를 CSV 형식으로 파일에 저장하는 프로그램을 작성해보기로 한다.

```
import csv
cars = [['Malibu','Chevrolet',22965],
        ['Fusion','Ford',23735],
        [Accord','Honda',24615],
        ['Sonata','Hyundai',23185],
        ['Altima','Nissan',24645],
        ['Camry','Toyota',24765]
        ]
with open("car.csv","w") as f:
    car_writer = csv.writer(f)
    car_writer.writerows(cars)
```

- 먼저 import csv를 사용하여 CSV 파일 관련한 라이브러리를 불러온다.
- 그다음에는 자료를 리스트 cars으로 만들어 저장한다.
- 함수에 대하여 with문을 사용하여 쓰기 모드로 설정한 후에 csv.writer() 함수를 사용하여 car_writer라는 객체를 만든다.
- 최종적으로 리스트 요소들을 CSV 형식으로 한 줄씩 차례로 적어주는 writerows()를 적용한다.

여기서 csv.writer(f)는 파일을 CSV 쓰기 모드로 준비시키는 과정이며, writerows()는 실제로 파일에 자료를 쓰는 과정으로 이해될 수 있다. 이 프로그램을 실행시키면 car.csv 파일에 다음과 같이 자료가 저장되며 각각의 자료는 쉼표로 구분되어 있다.

```
Malibu,Chevrolet,22965
Fusion,Ford,23735
Accord,Honda,24615
Sonata,Hyundai,23185
Altima,Nissan,24645
Camry,Toyota,24765
```

CSV 파일 읽기

CSV 파일을 읽는 방법은 여러 가지가 있으나 여기서는 앞에서와 마찬가지로 csv 라이브러리의 reader() 함수를 사용하는 방법을 사용하기로 한다.

```
import csv
with open("car.csv","r") as f:
    car_reader = csv.reader(f)
    for row in car_reader:
        names = row[0]
        print(names)
```

이 프로그램에서는 먼저 CSV 파일을 읽기 모드로 열고 파일 변수를 f로 설정한다. car_reader = csv.reader(f)로 하여 파일에 있는 모든 내용을 변수 car_reader에 저장한다. for row in car_reader를 사용하여 row에 읽어온 자료를 차례로 저장한다. 표에서 보는 바와 같이 첫 번째 열인 자동차 이름을 출력하기 위해서는 row[0]을 출력하면 된다. 이 프로그램을 실행하면 다음과 같은 결과를 얻는다.

```
Malibu
Fusion
Accord
Sonata
Altima
Camry
```

앞에서의 표에서의 첫 번째(자동차 이름)과 두 번째(제조사) 열을 출력하고 싶을 때는 프로그램에서 row[0], row[1]를 각각 적어주면 된다.

```
import csv
with open("car_price.csv","r") as f:
    car_reader = csv.reader(f)
    for row in car_reader:
        names = row[0]
        makers = row[1]
        print(names,makers)
```

이 프로그램을 실행시키면 결과는 다음과 같다.

```
Malibu Chevrolet
Fusion Ford
Accord Honda
Sonata Hyundai
Altima Nissan
Camry Toyota
```

CSV 파일에 숫자 쓰고 읽기

앞에서 살펴본 바와 같이 일반 파일을 사용한 경우에는 문자열과 숫자를 다르게 취급하여 코딩을 해주어야 했다. 그러나 CSV 파일이면 문자열과 숫자를 동일하게 취급할 수 있다. 다음 표에 있는 자료를 CSV 파일에 쓰는 프로그램을 작성해보기로 한다.

A	12.3
B	20.1
C	54.6

```
import csv
nums = [["A",12.3],["B",20.1],["C",54.6]]
```

```
with open("nums.csv","w") as f:
    num_writer = csv.writer(f)
    num_writer.writerows(nums)
```

- 위의 표에 있는 자료를 리스트 num로 다음과 같이 코딩하는데 두 개의 꺾쇠 기호가 필요함을 유의한다.
- 또한, with문을 사용하여 nums.csv 파일을 쓰기 모드로 설정하고 파일 변수를 f로 준다.
- write() 방법을 사용하여 필요한 객체 num_wirter를 생성하고 writerows()를 사용하여 자료를 파일에 기록한다.

편집기로 파일 nums.csv을 열어보면 다음과 같이 자료가 저장되어 있음을 볼 수 있을 것이다.

```
A,12.3
B,20.1
C,54.6
```

이번에는 파일에 저장된 자료를 읽어오는 프로그램을 작성해보기로 한다. with를 사용하여 파일을 읽기 모드로 설정하고 파일 변수를 f로 정한다. reader() 함수를 사용하여 num_reader객체를 생성하고 row[0], row[1]로 자료를 읽어온다.

```
import csv
with open("nums.csv","r") as f:
    num_reader = csv.reader(f)
    for row in num_reader:
```

```
        id = row[0]
        num = row[1]
        print(id,num)
```

이 프로그램을 실행하면 다음과 같은 결과를 얻는다. 결론적으로 csv 라이브러리를 이용하면 문자열과 숫자를 따로 구분할 필요 없이 CSV 파일에서 읽기와 쓰기가 가능함을 알 수 있다. CSV 파일은 대부분의 마이크로소프트 엑셀 등 상용 프로그램에서도 호환할 수 있으므로 사용하기가 편리하다.

```
A 12.3
B 20.1
C 54.6
```

27.6 Quiz

1. 다음 표에서 주어진 체감온도 관련 자료를 `w_list` 리스트에 정리하여 CSV 파일 `wct.csv`에 기록하고, 읽어오는 프로그램을 작성하시오.

체감온도	5 km/h	10 km/h	15 km/h
−10	−13	−15	−17
−20	−24	−27	−29
−30	−36	−39	−41

2. 다음 표에서 주어진 불쾌지수 관련 자료를 `di_list` 리스트에 정리하여 CSV 파일 `di_1.csv`에 기록하고, 읽어오는 프로그램을 작성하시오.

불쾌지수	20%	30%	40%	50%
20C	18	18	18	18
30C	23	24	25	26
40C	29	30	32	33

3. 다음 표에서 주어진 불쾌지수 관련 자료를 `di2_list`에 정리하여 CSV 파일 `di_2.csv`에 기록하고, 읽어오는 프로그램을 작성하시오.

불쾌지수	20%	30%	40%	50%
20C	A	A	A	A
30C	B	C	C	C
40C	D	E	E	F

4. 다음 표에서 주어진 기상 관련 자료를 `w_list`에 정리하여 CSV 파일 weather.csv에 기록하고, 읽어오는 프로그램을 작성하시오.

도시	평균온도	상대습도
Seoul	12.8	64
Jeju	16.0	70
Jeonju	13.5	69

CHAPTER 28

프로젝트: 비만도 관리

28.1 사용되는 프로그램 도구

이 프로젝트에서 사용하게 될 프로그램 도구는 다음과 같다.

- `for`
- `append()`
- `with`
- `open()`
- `reader()`
- 리스트
- 함수

28.2 프로젝트 내용

- 개인별로 키와 체중을 기반으로 한 비만도bmi를 계산하여 필요할 때 참고할 수 있도록 파일에 기록하는 프로그램을 만들고자 한다.

사용할 자료는 다음의 표에서 보는 것과 같다.

Id	키	체중	비만도
1	180	89	?
2	170	70	?
3	172	66	?
4	185	88	?
5	165	60	?

이를 위해서 다음과 같은 순서로 진행하기로 한다.

1. 위의 표에 있는 자료를 파일 `bmi.csv`에 기록
2. 파일에 있는 자료를 읽어와서 비만도 계산
3. 계산된 비만도를 파일 `bmi2.csv`에 기록

28.3 비만도 계산

먼저 위의 표에 있는 자료를 파일에 기록하는 부분을 코딩하기로 한다.

```
import csv
data = [[1,180,89],[2,170,70],[3,172,66],[4,185,88],[5,165,60]]
with open("bmi.csv","w") as f:
    car_writer = csv.writer(f)
    car_writer.writerows(data)
```

프로그램을 실행시킨 후 편집기를 사용하여 파일을 열어보면 다음과 같이 자료가 저장되어 있음을 볼 수 있을 것이다.

```
1,180,89
2,170,70
3,172,66
4,185,88
5,165,60
```

두 번째 단계로서 bmi.csv 파일을 열어서 자료를 읽어온 후 각 개인에 대한 비만도를 계산하는 프로그램을 작성한다. 자료를 읽어올 때 필요한 항목은 키 h와 체중 w이므로 h = row[1], w = row[2]으로 하여 자료의 두 번째 열과 세 번째 열을 읽으면 된다.

```
import csv
with open("bmi.csv","r") as f:
    bmi_reader = csv.reader(f)
    for row in bmi_reader:
        h = row[1]
        w = row[2]
        print(h,w)
```

프로그램을 실행하면 결과는 다음과 같다.

```
180 89
170 70
172 66
185 88
165 60
```

이번에는 위의 프로그램에서 비만도 계산을 할 수 있도록 다음과 같이 수정하기로 한다.

```
import csv
bmis = []
with open("bmi.csv","r") as f:
    bmi_reader = csv.reader(f)
    for row in bmi_reader:
        h = float(row[1])
        w = float(row[2])
        add = w/(h/100)**2
        bmis.append(float(f"{add:.1f}"))
print(bmis)
```

- 이 프로그램에서는 bmi.csv 파일에서 키와 체중 자료를 읽어와서 비만도를 계산하고 결과를 리스트에 저장하는 과정을 보여주고 있다.
- 여기서 h = float(row[1]), w = float(row[2])와 같이 한 이유는 읽어온 자료는 문자열로 설정이 되어있어서 계산과정에 사용할 수 없으므로 float를 사용하여 실수형으로 바꾸어 주어야 한다.
- 키와 체중을 사용하여 비만도를 계산하고 변수 add에 저장한다.
- 바깥쪽에서 for 문이 작동하고 있으므로 append()를 사용하여 매 계산의 결과를 bmis 리스트에 담는 것을 보여주고 있다.
- 한편, bmis.append(float(f"{add:.1f}"))에서 사용된 f-문자열 출력형식은 계산 결과가 소수점을 포함한 실수로 표시되므로, 편의상 소수점 한자리만을 표시하게 하려고 적용되었다.

이 프로그램을 실행시키면 결과는 다음과 같다.

```
[27.5, 24.2, 22.3, 25.7, 22.0]
```

다음은 리스트로 저장된 결과 bmis를 새로운 파일 bmi2.csv에 저장하는 프로그램이다.

```
with open("bmi2.csv","w") as f:
    bmi_writer = csv.writer(f)
    bmi_writer.writerow(bmis)
```

이 프로그램을 실행시키면 bmi2.csv 파일에 저장되며, 편집기를 사용하여 열어보면 다음과 같이 저장되어 있음을 알 수 있다.

```
27.5,24.2,22.3,25.7,22.0
```

CHAPTER 29

리스트/투플의 확장 기능

29.1 리스트/투플의 확장 기능

리스트와 투플은 파이썬에서 가장 많이 사용되는 자료 구조이다. 파이썬에서 제공하는 리스트/투플에 대한 확장 기능list comprehension을 사용하면 때에 따라서는 보다 간략한 형태로 코딩할 수 있다.

리스트 확장 기능

- 리스트(투플) 확장 기능을 사용하면 다른 형태의 리스트(투플)'을 만들어 낼 수 있다.

  예를 들어, 1부터 5까지의 연속된 숫자로 구성된 리스트를 만들 때에 가장 직관적인 방법은 요소를 하나씩 기재하여 `x = [1,2,3,4,5]`와 같이 하는 것이다. 물론 이러한 작업을 수행하는 방법은 유일하지 않다. 다음은 세 가지의 다른 방법으로 동일한 리스트를 만드는 내용이며 그중에서 마지막 방법이 리스트 확장 기능을 적용하여 새로운 리스트 z를 만들어내는 과정을 보여주고 있다.

- `x = [1,2,3,4,5]`

- y = list(range(1,6))
- z = [i for i in range(1,6)]

리스트 확장 기능은 다음과 같은 구조를 갖는다.

- 새로운 리스트 = [for를 사용한 반복, 또는 조건문]

즉, 리스트 확장 기능은 반복 또는 조건문을 적용하여 새로운 리스트를 만들어 내는 데 사용된다. 리스트 확장은 처음 보면 그 유용성에 대한 의문이 생길 수도 있다. 그러나 요소의 수가 10개 또는 100개 그 이상이 된다면 코딩할 때 개별적으로 입력하는 방법은 매우 비효율적으로 된다. 예를 들어, 리스트 확장 기능을 사용하여 1부터 100까지의 연속된 숫자를 갖는 리스트 z를 만들고 싶다면 z = [i for i in range(1,101)]와 같이하면 된다.

숫자의 제곱과 리스트

리스트 확장 기능의 사용 예를 보기 위해서 1부터 100까지의 숫자의 제곱을 요소로 하는 새로운 리스트를 만들고자 한다. 이때 가장 직관적인 방법으로 코딩하면 다음과 같다.

```
x =[]
for i in range(1,101):
    i2 = i**2
    x.append(i2)
print(x)
```

이 프로그램에서는 리스트 x만들고 1부터 100까지의 숫자를 제곱하여 append로 리스트에 추가하는 과정을 보여주고 있다. 그러나 동일한 작업을 리스트 확장 기능을 사용하여 구현하면 다음과 같이 간단하게 처리될 수 있다.

```
x = [i**2 for i in range(1,101)]
print(x)
```

for를 사용하였던 이전의 프로그램과 비교하였을 때 보다 깔끔하게 구현되었음을 알 수 있다.

29.2 도표 만들기

리스트 확장 기능은 다양하게 응용될 수 있다. 예를 들어 $f(x) = x^3 - 1$의 함수에 대하여 다음과 같이 도표를 작성하는 경우를 고려해보자. 이러한 자료는 그래프를 그릴 때에도 매우 유용하게 사용될 수 있다.

x	f(x)
0	?
1	?
2	?
3	?
4	?
5	?

이 함숫값에 대한 자료를 구하기 위해서 일반적인 방법으로 구현해 보면 다음과 같이 코딩할 수 있다.

```
def f(x):
    return x**3 - 1

for x in range(6):
```

```
    fx = f(x)
    print(x,fx)
```

이 프로그램에서는 주어진 f(x)에 대한 함수를 정의하고 for-range를 사용하여 함숫값을 계산하고 있다. 한편, 리스트 확장 기능을 사용하여 동일한 작업을 구현해 보면 다음과 같이 작성할 수 있다.

```
def f(x):
    return x**3 - 1

fx = [f(x) for x in range(6)]
```

이 프로그램에서는 이전보다 간략하게 코딩되었음을 알 수 있다. 만일, x와 f(x)를 함께 묶어서 출력하고 싶은 경우는 다음과 같이 하면 된다.

```
def f(x):
    return x**3 - 1

xfx = [[x,f(x)] for x in range(6)]
print(xfx)
```

이 프로그램을 실행하면 다음과 같은 결과를 얻는다.

```
[[0, -1], [1, 0], [2, 7], [3, 26], [4, 63], [5, 124]]
```

29.3 리스트 확장 기능과 문자열

일반적인 방법

리스트 확장 기능은 문자열을 요소로 하는 리스트 관리에도 유용하게 사용될 수 있다. 예를 들어, 주어진 리스트 요소를 모두 소문자나 대문자로 바꾸어서 새로운 리스트로 만드는 작업을 수행해 보기로 한다. 예제로서 다음 영화 제목들을 모두 소문자로 변환시키는 작업을 할 수 있는 프로그램을 작성하기로 한다.

```
title  = ["GODZILLA: KING OF THE MONSTERS","ALADDIN",
         "ROCKETMAN","MA","AVENGERS: ENDGAME"]
```

이때 파이썬에서 문자열을 소문자로 변환시키기 위해서 lower()를 다음과 같이 적용하기로 한다.

```
title  = ["GODZILLA: KING OF THE MONSTERS", "ALADDIN",
          "ROCKETMAN", "MA", "AVENGERS: ENDGAME"]
low = title.lower()
print(low)
```

그러나 이 프로그램을 실행시키면 다음과 같은 오류 메시지를 출력하고 중단된다.

```
AttributeError: 'list' object has no attribute 'lower'
```

- 여기서 오류 메시지의 내용은 리스트의 전체 요소에 대해서 한꺼번에 lower() 기능을 쓸 수 없다는 뜻이다.

- 그러므로 이 작업을 수행하기 위해서는 title 리스트에 있는 각각의 요소에 개별적으로 lower()를 적용해야 한다.

따라서 위의 프로그램을 다음과 같이 수정한다.

```
title  = ["GODZILLA: KING OF THE MONSTERS","ALADDIN",
          "ROCKETMAN","MA","AVENGERS: ENDGAME"]
low = []
for i in title:
    ilow = i.lower()
    low.append(ilow)
print(low)
```

이 프로그램을 실행하면 다음과 같은 결과를 얻는다.

```
['godzilla: king of the monsters', 'aladdin',
'rocketman', 'ma', 'avengers: endgame']
```

리스트 확장 기능

이번에는 위에서와 동일한 작업을 리스트 확장 기능을 사용하여 구현해 보기로 한다.

```
title  = ["GODZILLA: KING OF THE MONSTERS","ALADDIN",
          "ROCKETMAN","MA","AVENGERS: ENDGAME"]
low = [i.lower() for i in title]
print(low)
```

이 프로그램에서는 lower()를 적용하는 데 있어서 리스트 확장 기능을 사용하였으며 보다 간결한 코딩이 가능해졌음을 볼 수 있다. 이 프로그램을 실행하면 다음과 같은 결과를 얻을 수 있다.

```
['godzilla: king of the monsters',
 'aladdin', 'rocketman',
 'ma', 'avengers: endgame']
```

29.4 영화 평점 환산하기

다음 예제는 리스트 확장 기능을 사용하여 문자 자료를 숫자 자료로 변환시키는 프로그램을 작성하고자 한다. 다음 표는 영화 평가 사이트인 토마토에서 도마도 지수로 영화를 평가한 결과이다.[21] 그런데 영화 평가 지표가 모두 문자인 *로 되어있으므로 이를 1부터 5 사이의 숫자로 변환시키는 프로그램을 작성하고자 한다.

Title	Point
GODZILLA: KING OF THE MONSTERS	*
ALADDIN	**
ROCKETMAN	****
MA	**
AVENGERS: ENDGAME	*****

위의 표에서 문자로 표시된 영화 평가 지표를 다음과 같이 숫자로 바꾸어 주는 프로그램을 작성하고자 한다.

21 https://www.rottentomatoes.com/

Title	Point
GODZILLA: KING OF THE MONSTERS	1
ALADDIN	2
ROCKETMAN	4
MA	2
AVENGERS: ENDGAME	5

다양한 방법이 있을 수 있으나 여기서는 사전 구조와 리스트 확장 기능을 사용하여 다음과 같이 코딩한다.

```
movies = {"GODZILLA: KING OF THE MONSTERS":"*",
"ALADDIN":"**","ROCKETMAN":"****",
"MA":"**","AVENGERS: ENDGAME":"*****"}
grade = {title: len(value) for title, value in movies.items()}
print(grade)
```

- 이 프로그램 작성 과정은 먼저 영화 제목과 별표로 표시된 점수를 묶어서 사전 구조 movies로 만든다.
- 영화 제목은 바뀌지 않고 단지 점수만이 별표에서 숫자로 바뀌는 것이므로 리스트 확장 기능을 사용하여 새로운 리스트 grade를 만들도록 한다.
- 그다음에 사전 구조에서 표제어와 값을 movies.items()로 읽어와서 그중에서 값에 해당하는 부분만을 숫자로 바꾸는 과정을 만들어내야 한다.
- 이 프로그램에서 별표의 개수를 셈하는 과정을 len(value)로 하였다. 즉, 별표의 개수에 해당하는 숫자로 바뀌게 된다.

이 프로그램을 실행하면 결과는 다음과 같으며 평가지표가 숫자로 표시된 새로운 사전 구조인 grade가 만들어졌음을 알 수 있다.

```
{'GODZILLA: KING OF THE MONSTERS': 1,
'ALADDIN': 2, 'ROCKETMAN': 4,
'MA': 2, 'AVENGERS: ENDGAME': 5}
```

앞에서의 결과에서 볼 수 있듯이 리스트의 확장 기능은 단지 리스트에게만 적용되는 것이 아니라 사전 구조에도 동일하게 응용될 수 있음을 알 수 있다.

29.5 Quiz

1. 리스트 확장 기능을 사용하여 숫자 1부터 7까지를 요소로 갖는 리스트 x를 만드는 프로그램을 작성하시오.

2. 리스트 확장 기능을 사용하여 숫자 2부터 8까지를 요소로 갖는 리스트 x를 만드는 프로그램을 작성하시오.

3 $f(x) = x^2 - 3x - 1$의 함수에 대하여 다음과 같이 도표를 작성할 수 있도록 프로그램을 작성하되 리스트 확장 기능을 적용하시오.

x	f(x)
0	?
1	?
2	?
3	?
4	?
5	?

4. $f(x) = 3x^4 - 1$의 함수에 대하여 다음과 같이 도표를 작성할 수 있도록 프로그램을 작성하되 리스트 확장 기능을 적용하시오.

x	f(x)
0	?
1	?
2	?
3	?
4	?
5	?

5 $f(x) = \cos(2x)$의 함수에 대하여 다음과 같이 도표를 작성할 수 있도록 프로그램을 작성하되 리스트 확장 기능을 적용하시오.

x	f(x)
0	?
1	?
2	?
3	?
4	?
5	?

6. $f(x) = 2\sin(x + 1)$의 함수에 대하여 다음과 같이 도표를 작성할 수 있도록 프로그램을 작성하되 리스트 확장 기능을 적용하시오.

x	f(x)
0	?
1	?
2	?
3	?
4	?
5	?

7. 리스트 확장 기능을 사용하여 문자열 `text = ['I love Python', 'Study Python']`을 모두 소문자로 변환하는 프로그램을 작성하시오.

8. 리스트 확장 기능을 사용하여 문자열 `text = ['I love Python', 'Study Python']`을 모두 대문자로 변환하는 프로그램을 작성하시오.

CHAPTER 30

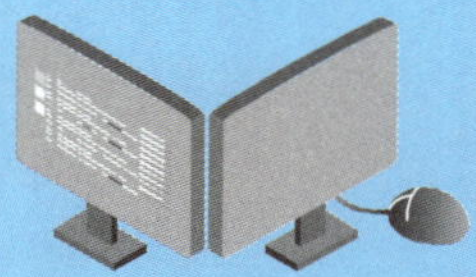

포장하기와 풀어놓기

30.1 포장하기와 풀어놓기 응용

파이썬에서는 리스트와 투플을 사용하여 다양한 기능을 구현할 수 있는데 이번 장에서는 그중에서 많이 사용되는 개념인 포장하기packing와 풀어놓기unpacking에 대해서 알아보기로 한다. 두 개념은 고급 프로그래밍을 스타일을 이해하기 위해서는 반드시 알아야 하는 내용이다.

- 포장하기는 변수에 값을 할당하는 데 사용된다.
- 풀어놓기는 변수에서 포장된 값을 돌려 받을 때 사용된다.

포장하기

포장하기의 예를 보기 위해서 세 개의 문자열을 세 개의 변수 `a`, `b`, `c`에 각각 할당하고 이를 하나의 리스트 `text`로 만드는 경우를 고려해보기로 한다. 기본적인 코딩은 다음과 같이 수행될 수 있을 것이다.

```
a = "The"
b = "New"
c = "Hope"
title = []
title.append(a)
title.append(b)
title.append(c)
print(title)
```

이 프로그램을 실행하면 다음과 같은 결과를 얻는다.

```
['The', 'New', 'Hope']
```

여기서 동일한 작업에 포장하기의 개념을 적용하면 다음과 같이 코딩할 수 있다.

```
title = 'The', 'New', 'Hope'
print(title)
```

이 프로그램을 실행하면 다음과 같은 결과를 얻게 된다.

```
('The', 'New', 'Hope')
```

이는 세 개의 요소를 하나의 변수(투플)인 **title**에 한 번에 할당하는 것으로 생각할 수 있으며 이를 포장하기packing라고 한다. 결과적으로 포장하기를 사용하여 한꺼번에 여러 개의 값을 하나의 변수에 할당할 수 있다.

풀어놓기

풀어놓기는 포장하기와 반대로 작동하는 개념이다. 즉, 포장된 요소를 다시 풀어놓는 개념으로 이해할 수 있다. 앞에서 세 개의 문자열을 포장하여 투플 title에 저장할 수 있음을 보였다. 이번에는 풀어놓기를 적용하여 title에 있는 요소를 가져오는 작업을 다음과 같이 만들 수 있다.

```
title = 'The', 'New', 'Hope'
a, b, c = title
print(a)
print(b)
print(c)
```

이 프로그램을 실행하면 다음과 같은 결과를 얻는다.

```
The
New
Hope
```

여기서 a, b, c = title로 되는 과정을 풀어놓기라고 한다. 즉, 우변의 투플 title에서 포장되어 있던 요소를 좌변에 있는 세 개의 변수 a, b, c로 각각 할당한 것이다.

30.2 함수에의 응용

포장하기와 풀어놓기를 단순한 변수의 할당만이 아니라 함수의 관리에도 응용할 수 있다. 다음은 한 변의 길이 x를 입력하면 정사각형의 면적과 둘레 길이를 한꺼번에 계산해주는 square() 함수를 구현한 프로그램이다. 이때, square()

함수는 a, b의 두 개의 반환 값을 갖는다는 점을 유의한다.

```
def square(x):
    a = x * x
    b = 4 * x
    return a, b
```

따라서 함수의 반환 값의 형식은 (a, b)와 같은 투플이 된다. 이것은 포장하기가 적용된 것으로 볼 수 있으므로 풀어놓기를 수행해야 한다. 따라서 다음과 같은 개념으로 프로그램을 작성할 수 있다.

```
def square(x):
    a = x * x
    b = 4 * x
    return a, b
area, sides = square(3)
print(area,sides)
```

이 프로그램을 실행시키면 결과는 다음과 같다.

```
9 12
```

여기서 square() 함수는 결과를 포장된 상태로 돌려주고 이를 받아서 area = 9, sides = 12와 같이 풀어놓기로 하였다고 생각할 수 있다. 이번에는 sin, cos의 두 삼각함수를 계산하는 프로그램을 작성해보기로 한다.

```
import math as ma
def sc(theta):
    theta = ma.radians(theta)
    sin = ma.sin(theta)
    cos = ma.cos(theta)
    return sin, cos
theta = 30
s, c = sc(theta)
print(f"sin({theta}) = {s:.3f}, cos({theta}) = {c:.3f}")
```

- 이 프로그램에서는 삼각함수 사용을 위해서 `math`모듈을 불러온다.
- 함수 `sc()`는 라디안을 입력인자로 하여 sin과 cos를 동시에 계산해서 돌려주는 것이다.
- 또한, `math` 모듈에서 각도를 라디안으로 바꾸어 주는 `radians()`를 사용하였다.
- 즉, `sc()` 함수에서는 투플의 형식으로 반환된 결과를 `s, c = sc(theta)`와 같이하여 풀어놓기를 적용하여 필요한 내용을 찾아올 수 있다.

이 프로그램을 실행하면 다음과 같은 결과를 얻는다.

```
sin(30) = 0.500, cos(30) = 0.866
```

포장하기와 풀어놓기의 개념은 더욱 복잡한 형태로 전개될 수 있으나 이 책의 범위를 넘어서게 되므로 더는 진행하지 않기로 한다. 포장하기와 풀어놓기에 대하여 더 관심 있는 독자들은 관련 문헌을 찾아보기를 권한다.

30.2 Quiz

1. 숫자 1, 2, 3을 포장하기에 적용하는 프로그램을 작성하시오. 단, 포장된 변수는 x로 하시오.

2. 숫자 89, 12, 33을 포장하기에 적용하는 프로그램을 작성하시오. 단, 포장된 변수는 x로 하시오.

3. x = [1, 2, 3]을 풀어놓기를 수행하는 프로그램을 작성하시오. 단, 각 변수는 a, b, c로 하시오.

4. x = [89, 12, 33]을 풀어놓기를 수행하는 프로그램을 작성하시오. 단, 각 변수는 a, b, c로 하시오.

CHAPTER

31

고급 프로그래밍을 위한 오류처리 기법

31.1 프로그램 오류

다른 컴퓨터 언어와 마찬가지로 파이썬에서도 오류가 발생하였을 때는 해당하는 오류 문을 출력하고 프로그램이 종료된다. 그러므로 프로그램 작성 시에 적절한 사전 조처해 놓지 않은 경우에는 사용자들이 불편을 겪게 된다. 오류가 발생해도 프로그램이 그대로 종료되지 않고 어떤 보완 조치를 해놓기 위해서는 파이썬에서 제공하고 있는 다양한 오류처리 기법을 사용할 수 있다. 어떠한 경우라도 오류가 하나도 없는 프로그램은 이 세상에 존재하지 않는다. 그러나 잘 작성된 프로그램일수록 오류를 처리하는 방식을 자연스럽게 하여 프로그램이 갑자기 중단되는 일을 방지할 수 있으면 사용자들로부터 더 신뢰를 받을 수 있을 것이다. 따라서 발생할 수 있을 법한 다양한 오류를 미리 상정하고 이에 대한 대책을 마련해 두는 것은 고급 프로그래밍에서는 반드시 준수해야 할 규율이다.

- 프로그램에서의 오류는 기본적으로 문법 오류syntax error와 예외exception의 두 가지 형태로 나누어진다.

- 여기서는 주로 예외적인 오류를 처리하는 방법에 관해서 설명하기로 한다.

오류처리 기법

- 프로그램 실행 중 오류가 났을 때 시스템에서 제공되는 평상적인 오류 문만으로는 사용자들이 오류의 본질을 이해하기 어려울 수 있다.
- 적절한 오류처리를 적용함으로서 사용자들의 오류에 대한 이해도를 높일 수 있다.
- 오류가 났을 때 급작스럽게 프로그램이 중단되는 그것보다는 적절한 오류 문과 함께 처리되는 것이 프로그램에 대한 신뢰성을 높여 준다.
- 파이썬에서는 오류처리를 위한 다양한 방법이 있으며 주로 `try`, `except`, `else`, `finally` 를 조합하여 사용한다.

31.2 try/except 구조

오류처리 기법 중 가장 기본적인 것이 `try/except` 구조이다. 적용 예를 보이기 위해서 다음 프로그램에서는 존재하지 않는 파일 `nowhere.txt`를 불러왔을 때 발생하는 오류를 발생시키기로 한다.

```
f = open("nowhere.txt", "r")
```

이 프로그램을 실행시키면 `nowhere.txt`라는 프로그램은 존재하지 않으므로 `FileNotFoundError`라는 오류를 내고 멈추게 된다.

- 가장 기본적인 해결방법은 `try/except` 구조를 사용하여 오류에 관한 정보를 확인하고 대책을 세우는 것이다.

- 이 구조는 try 이하에 있는 과정을 실행하고 예외가 생기면 (파일이 없으면), 그때 except 부분을 실행하게 된다.
- 즉, try 부분에서 예외가 발생하지 않으면 except 부분은 실행되지 않는다.

try	수행
except	예외 발생 시에만 수행

오류처리 기본

다음 프로그램은 try/except 구조를 사용하여 파일이 없는 경우를 가정하고, File not found라는 오류 정보를 출력하도록 하는 것이다. 프로그램 내에서 오류를 이런 방식으로 처리하지 않으면, 사용자들은 FileNotFoundError라는 오류 문을 보게 되어 구체적인 오류의 내용을 파악하기에 어려움이 있을 수 있다.

```
try:
    f = open("nowhere.txt", "r")
except:
    print("File not found")
```

- 이 프로그램을 실행하면 다음과 같은 오류 문을 출력하게 된다.
- 즉, 해당하는 파일이 존재하지 않으므로 try 부분에서 예외가 발생하여, 다음 단계로 except 부분이 실행된 결과이다.

```
File not found
```

시스템 오류 문 사용

- 앞에서는 오류가 발생하였을 때 바로 except 부분이 실행되는 경우를

설명하였다.

- 그러나, 오류의 내용을 더욱 잘 이해하기 위해서 파이썬 시스템에서 제공하는 오류 문을 보는 것이 좋을 때도 있다.
- 다음 프로그램은 **try/except** 구조를 사용하여 파일이 없는 경우의 오류가 발생하면 그 오류에 해당하는 시스템 오류 문을 출력하게 하는 것이다.

```
try:
    f = open("nowhere.txt", "r")
except FileNotFoundError as error:
    print(error)
```

시스템 오류를 **except** 부분에서 변수 **error**에 저장한 후 출력한다. 이 프로그램을 실행하면 다음과 같은 시스템 오류 문을 볼 수 있다. 출력된 오류 문으로부터 더 상세한 정보를 얻을 수 있다.

```
[Errno 2] No such file or directory: 'nowhere.txt'
```

31.3 연산 오류 처리기법

앞에서는 파일과 관련된 오류를 처리하는 방법에 관해서 설명하였다. 이번에는 프로그램에서 수행되는 다양한 연산 중에 발생할 수 있는 오류를 다루는 방법을 소개한다.

0으로 나누는 오류

가장 흔한 연산 오류 중의 하나는 의도하지 않게 분모가 0이 되어 분자를 나누는 오류이다. 연산 오류 중에서 숫자를 0으로 나누는 일이 발생하면 그 결과는 수학적으로 정의되지 않으므로 "0으로 나누는 오류division by zero"가 발생한다.

다음 프로그램은 이 오류를 발생하는 경우이다.

```
a = 3.0
b = 0.0
c = a/b
```

이 프로그램을 실행하면 다음과 같은 오류 문을 보여주고 종료된다. 예상했던 바와 같이 ZeroDivisionError로 표현되는 오류 문이 출력된다.

```
ZeroDivisionError: float division by zero
```

이 연산 오류를 처리하기 위해서 다양한 방법이 있을 수 있으나 여기서는 try/except 구조를 사용하여 프로그램을 수정해 보기로 한다. 다음 프로그램은 숫자를 0으로 나누는 경우가 발생할 것을 고려한 것이다.

```
a = 3.0
b = 0.0
try:
    c = a/b
except:
    print("Division by zero")
```

- 이 프로그램을 실행하면 예외가 발생하여 except 부분이 수행되어 다음과 같은 결과를 출력한다.

  ```
  Division by zero
  ```

  만일 동일한 연산에서 시스템이 제공하는 오류 문과 연계시키고자 할 때는 프로그램을 다음과 같이 작성한다.

```
a = 3.0
b = 0.0
try:
    c = a/b
except ZeroDivisionError as error:
    print(error)
```

- 이 프로그램에서는 시스템 오류를 except 부분에서 변수 error에 저장한 후 다음과 같은 오류 문을 출력한다.

```
float division by zero
```

음수의 제곱근에 대한 오류

프로그램에서 연산을 수행하다 보면 수학적으로 정의되지 않는 경우가 종종 발생한다. 앞에서는 숫자를 0으로 나눌 때에 발생하는 오류를 처리하는 방법에 대해서 알아보았다. 이번에는 음수의 제곱근 $\sqrt{-2}$을 계산하는 경우에 발생하는 오류에 대처하는 방법을 설명하고자 한다. 다음 프로그램에서는 제곱근 내에 음수가 들어간 상황을 구성하고 있다.

```
import math as ma
a = ma.sqrt(-2)
```

기본적으로 제곱근은 양수를 취하여 계산하므로 프로그램을 실행하면 다음과 같은 오류 문을 내게 된다.

```
ValueError: math domain error
```

- 오류의 종류는 ValueError로서 제곱근 함수에 입력한 숫자와 관련 있음을 나타내고, math domain error라는 설명이 있어서 입력 숫자의 값이 잘못 설정되었음을 알려준다.
- 이러한 ValueError오류에 대응하기 위해서 프로그램을 다음과 같이 수정한다.

```
import math as ma
try:
    a = ma.sqrt(-2)
except ValueError as error:
    print(error)
```

이 프로그램을 실행하면 예상했던 대로 다음과 같은 오류 문을 보게 된다.

```
math domain error
```

31.4 try/except/else 구조

이번에는 try/except/else를 사용하여 기존의 경우보다 조금 더 복잡한 오류 처리 기법을 생각해 보기로 한다. 앞에서 학습하였던 except와 새롭게 소개하는 else의 차이점은 다음과 같다.

try	수행
except	예외 발생 시에만 수행
else	예외 발생이 없을 때 수행

- 즉, try/except/else 구조는 try에서 예외가 발생하면 except 부분이 수행되고, 예외가 없으면 else 부분이 수행되는 구조이다.
- 예를 들어, 파일을 읽는 명령을 내렸을 때 파일이 존재할 수도 있으나

파일이 없을 수도 있다.

- 이러한 경우에 try/except/else 구조를 다음의 표에서와 같이 적용할 수 있다.
- 즉, 파일을 여는 명령이 try 부분에서 수행될 때, 예외가 발생하면 except 부분이 실행되고, 아니면 else 부분이 진행된다.

try	f = open("nowhere.txt", "r")
except	print(“File not found”)
else	print(“File opened”)

다음 프로그램은 파일의 존재 여부에 대한 오류 발생을 대처하기 위해서 try/except/else구조를 적용한 것이다. 먼저, 파일 nowhere.txt이 없는 경우의 오류 발생에 대응하기 위해서 except부분에서 오류 문을 출력하게 하였으며, 파일이 있는 경우에는 else부분이 실행되도록 프로그램을 작성하였다.

```
try:
    f = open("nowhere.txt", "r")
except FileNotFoundError as file_error:
    print("File not found")
else:
    print("File opened")
```

해당 파일이 없으므로 이 프로그램을 실행하면 다음과 같은 오류 문이 출력된다.

```
File not found
```

이번에는 파일 nowhere.txt을 만들어 놓고, 동일한 프로그램을 실행해 보기로 한다.

```
f = open("nowhere.txt", "w")
f.write("nowhere")
f.close()

try:
    f = open("note_one.txt", "r")
except FileNotFoundError as file_error:
    print("File not found")
else:
    print("File opened")
```

이 프로그램을 실행하면 이번에는 파일 nowhere.txt이 존재하므로 예외가 발생하지 않고 else 부분이 수행되어 다음과 같은 결과를 얻는다.

```
File opened
```

31.5 try/except/finally 구조

- 오류처리를 위한 finally는 try의 예외와 관계없이 항상 실행되는 부분이다.
- 따라서 try/finally 구조에서는 예외 발생과 상관없이 항상 수행하는 부분을 finally에 정해 놓을 수 있다.
- 다음 표에서 except와 finally의 차이점을 설명하였다.

try	수행
except	예외 발생 시에만 수행
finally	항상 수행

- finally가 유용하게 사용되는 작업 중의 하나는 모든 상황에서 예외 발생과 상관없이 마지막으로 파일을 닫는 것이다.
- 이러한 기능은 매우 중요한 것으로 만일 파일에서 데이터를 읽고 쓰는 과정에서 오류가 나서 파일을 정상적으로 닫기도 전에 프로그램이 종료되어 버리는 경우를 사전에 방지하고자 하는 것이다.
- 아래 표에서 보는 바와 같이 존재하는 파일을 try부분에서 열고 finally 부분에서 닫아준다.

try	f = open("error.txt", "r")
except	print("File not found")
finally	f.close()

첫 번째 사례

다음 프로그램에서는 파일로 인한 오류가 나더라도 finally 부분은 항상 수행되므로 안전하게 파일을 닫아주게 된다.

```
try:
    f = open("nowhere.txt", "r")
except FileNotFoundError as file_error:
    print("File not found")
finally:
    f.close()
print("File closed")
```

이 프로그램을 실행시키면 결과는 다음과 같다.

```
File closed
```

두 번째 사례

- 두 번째 예에서는 존재하지 않는 파일을 try 부분에서 열고자 할 때는 예외가 발생하여 except 부분이 수행된다.
- 그리고 예외가 발생하였음에도 불구하고 finally 부분이 수행된다.

```
try:
    f = open("error.txt", "r")
except FileNotFoundError as file_error:
    print("File not found")
finally:
    print("File closed")
```

프로그램을 수행시키면 except 부분과 finally 부분이 각각 수행되어 다음과 같은 결과를 얻는다.

```
File not found
File closed
```

31.6 요약

- try : 예외가 발생하기까지는 이 부분에 있는 모든 명령이 수행된다.
- except : try 부분에서 수행 중에 예외가 발생하면 알려준다.
- else : try 부분에서 아무런 예외가 발생하지 않으면 이 부분을 실행한다.
- finally : try 부분에서 예외가 발생하는 것과 관계없이 무조건 이 부분을 실행한다.

보다 고급스러운 프로그램을 만들기 위해서는 프로그램을 작성할 때 적절한 오류처리를 미리 준비해주는 것이 필수적이다. 사용자로서는 오류가 나더라도 프로그램 차원에서 대응이 잘 되고 있음을 보는 것이 신뢰성을 얻는 데 큰 도움이 될 것이다.

CHAPTER

32

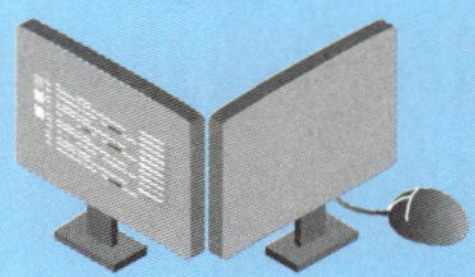

이름없는 함수 (익명함수)

파이썬에서 익명함수[anonymous functions]는 이름 없이 정의된 함수이다. 일반 함수는 파이썬에서 `def` 키워드를 사용하여 정의되지만 익명함수는 `lambda` 키워드를 사용하여 정의한다. 익명 함수는 람다[lambda]함수라고도 불린다. 익명함수는 일반 함수와 다른 점은 없고, 반드시 사용해야 하는 것은 아니다. 그러나, 표기상의 간편함으로 인해서 선호하는 사람들이 있으며, 다른 사람들이 작성한 프로그램을 이해하기 위해서는 알아두는 것이 좋을 수가 있기 때문에 여기서 소개하기로 한다. 예를 들어, 주어진 수를 제곱하는 익명함수는 다음과 같이 정의한다.

```
sqrs =  lambda x: x**2
```

여기서 `lambda x: x**2`는 익명함수이며, x는 함수의 입력이다. 또한, 익명함수의 결과를 변수 `sqrs`에 할당한 것으로 이해하면 된다. 예를 들어, `x = 5`일 때 익명함수의 결과값을 얻기 위해서는 다음과 같이 적으면 된다.

```
print(sqrs(5))
```

결과는 5 의 제곱인 25 가 된다. 이 익명함수는 다음과 같은 일반함수와 동일하다.

```
def sqrs(x):
    return x**2
```

익명함수는 변수가 두개이상인 경우에도 사용할 수 있다. 다음의 예에서는 두 개의 입력 x, y를 받아서 합을 계산하는 함수를 정의하고 있다.

```
adding = lambda x,y: x+y
```

입력 x = 2, y = 4에 대하여 이 함수를 수행하면 다음과 같은 결과를 얻는다.

```
print(adding(2,4))
6
```

익명함수는 그 자체로 사용되기도 하지만, 고급 프로그래밍에서는 파이썬에서 제공하는 다른 기본함수등과 함께 쓰는 경우가 일반적이다. 그러한 경우에는, 복잡한 과정을 단순하게 만들어 코딩하는 것이 가능하지만, 일반 사람들이 읽고 이해하기가 어려운 단점도 존재한다. 그러므로, 프로그램을 만들 때 일반함수를 대치하여 반드시 익명함수를 사용해야 하는 일은 없다고 보이며, 단지, 사용유무는 프로그래머의 선택이라고 보는 것이 좋을 것 같다고 생각한다. 따라서, 다른 사람이 작성한 프로그램을 읽거나, 사용하고자 할 때 알아두면 편리한 점이 있을 것이다.

CHAPTER

33

객체지향 프로그래밍과 클래스

33.1 클래스

클래스class는 파이썬에서 제공하는 매우 흥미로운 자료 구조이다. 원래 클래스는 객체지향 프로그래밍Object-Oriented Programming - OOP[22]의 개념에서부터 시작되었다. 객체지향 프로그래밍은 그 자체로서 하나의 거대한 구조로 되어 있는 추상적인 개념이라고 볼 수 있으며 단순히 변수나 변수의 구조(리스트, 배열 등)만을 지칭하는 것이 아니라 자료에 함수가 적용되는 형식까지 규정하는 통합적인 프로그래밍 방식을 의미한다.

필자의 경험으로 볼 때 전문 프로그래머가 아닌 일반인들이 객체지향 프로그래밍의 기법을 온전히 배워야 할 일은 거의 없다고 본다. 그럼에도 불구하고 클래스라는 개념은 복잡한 문제를 체계적으로 해결하고자 하는 데 있어서 실제적인 도움이 될 수 있다. 객체지향 프로그래밍에 관한 내용은 매우 방대하고도 추상적이므로 여기서는 가장 기본적인 내용을 중심으로 클래스의 개념과 사용 방법 등에 대하여만 설명하기로 한다.

---

22 https://www.webopedia.com/TERM/O/object_oriented_programming_OOP.html

33.2 클래스의 개념

클래스는 매우 추상적인 개념이라 프로그램에 입문하는 사람들에게는 한 번에 이해되기가 어려울 수 있다.

- 클래스는 쉽게 말해서 컴퓨터로 처리하기 원하는 문제를 하나의 객체object로 구현하게 하는 객체지향 프로그래밍에서 사용되는 도구이다.
- 클래스는 다음 표에서 보이는 것과 같이 기본적으로 데이터에 해당하는 속성attribute과 함수에 해당하는 방법method로 구성된다.

속성(attributed)	방법(methods)
데이터	함수

예를 들어, 365일 중 맑은 날의 날수를 입력하면 태양 전지에 의한 전력 생산량을 계산하는 프로그램을 만든다고 하자. 여기서 클래스는 전력 생산량을 계산하는 모델로 볼 수 있으며 이 클래스의 이름을 Solar라고 하자. 그러면 Solar 클래스는 맑은 날의 날수를 속성attribute로 하고 태양 전지에 의한 전력 생산량을 계산하는 함수를 방법method로 가진다고 할 수 있다. 따라서 클래스 자체가 어떤 일을 할 수 있는 것이 아니라 실제 현상을 설명해 줄 수 있는 하나의 골격frame이라고 보아야 한다. 즉, Solar 클래스 자체로는 아무 일도 하지 못한다. 가치 있는 결과를 얻기 위해서는 클래스를 사용하여 실체instance를 만들어내야 한다. 예를 들어, 서울 지역의 태양광 발전량을 구하기 위해서는 Solar 클래스를 사용하여 서울에 대한 실체instance를 만들어야 한다. 서울에 대한 실체가 만들어지면 맑은 날의 날수를 입력하여 서울에서의 전력 생산량을 계산하게 된다. 이 과정까지만 본다면 단순히 함수를 사용하는 것과 거의 다른 점이 없을 것이다. 그런데, 제주에서 같은 과정을 할 수 있는 프로그램이 필요하다면 어떻게 하는 것이 좋을 것인가? 필요한 모든 프로그램을 새로 작성하는 것보다

이미 있는 `Solar` 클래스를 이용하는 것이 훨씬 효율적일 것이다.

예를 들어, `Solar`로 제주에 대한 실체를 만들면 서울의 경우와 마찬가지로 제주에서의 맑은 날수를 입력하면 전력 생산량을 계산할 수 있다. 그러므로 이러한 문제에서 클래스의 사용은 계속 도시가 추가되더라도 해당하는 도시에 대한 실체instance만을 만들어 주면 되므로 프로그램 작성에 필요한 시간과 오류를 획기적으로 줄일 수 있다는 장점이 있다.

태양광 발전 클래스

태양광에 의한 발전량을 계산하기 위해서는 도시별로 태양광이 유효하게 되는 일조시간이 입력으로 필요하다. 우리나라의 5개 도시의 위치에 따라 1998년부터 2007년까지의 20년간의 일조시간 평균은 다음의 표에서와 같이 주어진다.[22]

City	Sunny(hours)
Seoul	1865
Jeju	1767
Busan	2167
Gwangju	2005
Incheon	2171

일반적인 태양광 패널 한 장은 길이 65인치, 폭 39인치의 크기를 가지며 면적은 약 17.6평방 피트이며 약 265 W의 전력을 생산한다[23]. 그러므로 1평방 피트당의 전력 생산은 265 W/17.3 ft^2 = 15 W 정도가 된다. 전력 생산은 태양의 일조시간과 직적접으로 관련이 되므로 위에서 얻은 자료를 사용하여 1평방 피트당의 도시별 1년간의 평균 전력량을 계산하는 프로그램을 만들어 보기로 한다. 1년간의 평균 전력량은 일조시간에 1평방 피트당의 전력 생산을 곱하여 계산할

22 http://www.weather.go.kr/download_01/climate_energy.pdf
23 https://www.solarpowerrocks.com/solar-basics/

수 있다.

다음 프로그램은 서울, 전주, 부산의 세 도시의 일조시간을 사용하여 도시별 전력 생산량을 계산하는 프로그램이다. 즉, 각 도시의 일조량에 대하여 단위 평방 피트의 태양광 패널이 생산할 수 있는 전력을 계산하는 프로그램이다.

```
seoul_sun=  1865
jeju_sun= 1767
busan_sun= 2167
genel = 15
seoul_energy = seoul_sun * genel
jeju_energy = jeju_sun * genel
busan_energy = busan_sun * genel
print(f"Seoul: {seoul_energy} Wh")
print(f"Jeju: {jeju_energy} Wh")
print(f"Busan: {busan_energy} Wh")
```

이 프로그램을 실행시킨 결과는 다음과 같으며 세 도시 중에서는 부산이 가장 많은 평균 전력을 생산할 수 있음을 보여주고 있다.

```
Seoul: 27975 Wh
Jeju: 26505 Wh
Busan: 32505 Wh
```

광주와 인천의 두 도시를 더 추가하기 위해서 다음과 같이 프로그램을 수정하기로 한다.

```
seoul_sun=  1865
jeju_sun= 1767
busan_sun= 2167
```

```
incheon_sun = 2171
gwangju_sun = 2005
genel = 15
seoul_energy = seoul_sun * genel
jeju_energy = jeju_sun * genel
busan_energy = busan_sun * genel
incheon_energy = incheon_sun * genel
gwangju_energy = gwangju_sun * genel
print(f"Seoul: {seoul_energy} Wh")
print(f"Jeju: {jeju_energy} Wh")
print(f"Busan: {busan_energy} Wh")
print(f"Incheon: {incheon_energy} Wh")
print(f"Gwangju: {gwangju_energy} Wh")
```

이 프로그램을 수행시킨 결과는 다음과 같으며 5개 도시 중에서는 태양광 발전에는 인천이 가장 유망한 것으로 나온다.

```
Seoul: 27975 Wh
Jeju: 26505 Wh
Busan: 32505 Wh
Incheon: 32565 Wh
Gwangju: 30075 Wh
```

위에서 기존의 자료에 광주와 인천의 두 도시에 대한 자료가 추가되었으므로 먼저 새로운 자료를 프로그램에 입력하였다. 그런데 이런 방식으로 한다면, 만일, 고려해야 할 도시의 숫자가 10개, 20개, 또는 그 이상으로 늘어갈 때마다 프로그램 전체를 수정하고, 코딩을 중복되게 해야 하는 문제를 내포하고 있다. 또한, 오류가 발생하였을 때 프로그램을 디버깅하기도 어렵다. 그러므로 동일한 작업을 하는 부분을 매번 다시 작성하지 않는 새로운 개념의 코딩이 필요하게 되며 객체지향 프로그래밍은 이러한 형태의 문제를 다루는 데 있어서 탁월한 기능이 있다.

33.3 클래스의 기본 구조

클래스는 일반적으로 다음과 같은 구조를 갖는다.

- 초기화(생성자: constructor)
- 속성(데이터: attributes)
- 방법(함수: methods)

이 내용을 의사 코딩으로 나타내 보면 다음과 같다.

```
class Solar(object):
    def __init__(self,sunny)
        ...
    def energy():
        ....
```

여기서 사용된 몇 가지 새로운 개념을 설명할 필요가 있다.

- class는 클래스를 지정해 주는 파이썬의 예약어이며 그다음에 클래스의 이름이 나온다. 클래스의 이름은 첫 글자를 대문자로 해준다.
- __init__는 클래스에서 사용하는 생성자(초기화 함수)로서 클래스를 실체화시키고(instance) 또한 해당한 모든 속성을 초깃값으로 변환시켜준다.
- self는 클래스로부터 만들어진 실체 그 자체를 의미한다. 실체가 생성되면 self를 적용하여 클래스에서 정의된 속성과 방법들을 사용할 수 있다.

다음 절에서의 예제를 보며 클래스에 대한 이해도를 높이도록 한다.

33.4 클래스 작성법

클래스의 사용법을 설명하기 위해서 위에서 다루었던 태양광 발전량을 계산하는 문제를 다시 생각해 보기로 한다. 이 프로그램은 원하는 도시의 일조시간을 입력하여 발전량을 계산해주도록 한다. 즉, 이 프로그램에서의 입력은 일조시간[sunny]이며 출력은 발전량 energy이다. 먼저 Solar 클래스를 다음과 같이 작성한다. 클래스에서 속성과 방법에 사용된 self를 주의 깊게 살펴보기 바란다.

```
class Solar(object):
    def __init__(self,sunny):
        self.sunny = sunny

    def energy(self):
        output = sunny * genel /1000
        return output
```

여기서 Solar 클래스는 속성 sunny와 방법 energy로 구성되어있음을 알 수 있다. 그러나 이것은 단지 하나의 클래스에 불과할 뿐 실체화가 되지 않았으므로 아직 의도한 내용이 실행되지는 않는다. 클래스를 실체화시키기 위해서는 seoul_enegry = Solar(1865)를 추가한다.

```
class Solar(object):
    def __init__(self,sunny):
        self.sunny = sunny

    def energy(self):
        output = sunny * genel / 1000
```

```
        return output

seoul_enegry = Solar(1865)
```

- 여기서 seoul_energy라는 실체(instance)가 생겼으며 그것은 Solar클래스를 현실에서 구체화한 것으로 생각할 수 있다.
- 또한, 클래스의 인자로서 서울의 일조시간 sunny = 1865을 지정해서 구현할 수 있음을 볼 수 있다.
- 여기서 self.sunny는 클래스가 실체화된 후 실체에서만 접근할 수 있는 속성이 된다.
- 또한, energy(self)는 energy라는 방법이 self를 거쳐 실체에 속한 방법임을 알려주고 있다. – 생성된 실체 seoul_energy에서는 속성과 방법을 다음과 같이 사용한다.

	접근 명령
속성	seoul_energy.sunny
방법	seoul_energy.energy( )

다음은 위의 프로그램에서 선언된 클래스를 실체화시켜서 실제로 실행이 되도록 하는 과정을 보여주고 있다.

```
class Solar(object):
    def __init__(self,sunny):
        self.sunny = sunny
    def energy(self):
        output = sunny * genel / 1000
        return output
```

```
seoul_enegry = Solar(1865)

print(f"서울 일조시간: {seoul_energy.sunny}")
print(f"서울 발전량: {seoul_energy.energy()}")
```

이 프로그램을 수행하기 전에 한 가지 더 생각해야 할 점은 energy 함수 내에 있는 단위평방 피트당의 전력 생성에 관한 변수 genel에 관한 것이다. 필요에 따라 전역변수로 행하거나 국부변수로 취할 수 있다. 여기서는 전역변수로 하는 방법으로 프로그램을 다음과 같이 작성하였다.

```
genel = 15
class Solar(object):
    def __init__(self,sunny):
        self.sunny = sunny

    def energy(self):
        output = self.sunny * genel / 1000
        return output

seoul_energy = Solar(1865)

print(f"서울 일조시간: {seoul_energy.sunny} hours")
print(f"서울 발전량: {seoul_energy.energy()} kWh")
```

이 프로그램에서 seoul_energy = Solar(1865)로 하여 클래스를 실체화시키고 실행하면 다음과 같은 결과를 얻는다.

```
서울 일조시간: 1865 hours
서울 발전량: 27.975 kWh
```

이번에는 이 프로그램에 제주와 부산에 대한 요소를 추가하는 방법을 생각해 보기로 한다.

```
genel = 15
class Solar(object):
    def __init__(self,sunny):
        self.sunny = sunny

    def energy(self):
        output = self.sunny * genel / 1000
        return output

seoul_energy = Solar(1865)
jeju_energy = Solar(1767)
busan_energy = Solar(2167)

print(f"서울 일조시간: {seoul_energy.sunny} hours")
print(f"서울 발전량: {seoul_energy.energy()} kWh")
print(f"제주 일조시간: {jeju_energy.sunny} hours")
print(f"제주 발전량: {jeju_energy.energy()} kWh")
print(f"부산 일조시간: {busan_energy.sunny} hours")
print(f"부산 발전량: {busan_energy.energy()} kWh")
```

앞에서와 마찬가지로 클래스를 사용하여 제주와 전주에 대한 실체화를 수행한다. 이 프로그램을 실행하면 다음과 같은 결과를 얻을 수 있으며 단 몇 줄의 코드를 추가함으로써 원하는 결과를 쉽게 얻을 수 있음을 볼 수 있다. 클래스를 사용하면 중복될 여지가 있는 많은 부분을 개선하는 효과를 얻을 수 있으며 프로그램의 확장이나 관리하기에 편리함을 알 수 있다.

```
서울 일조시간: 1865 hours
서울 발전량: 27.975 kWh
제주 일조시간: 1767 hours
제주 발전량: 26.505 kWh
부산 일조시간: 2167 hours
부산 발전량: 32.505 kWh
```

CHAPTER 34

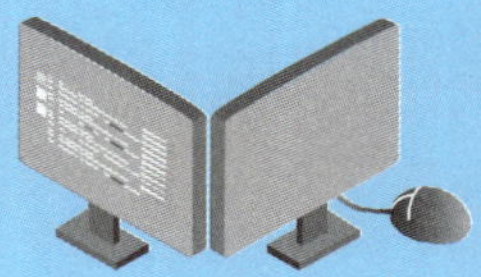

프로젝트: 기상정보 시스템

34.1 사용되는 프로그램 도구

이 프로젝트에서 사용하게 될 프로그램 도구는 다음과 같다.

- 클래스
- 클래스의 속성attributes
- 클래스의 방법methods
- 클래스의 실체화instances

34.2 불쾌지수 계산

다음은 온도, 습도 그리고 풍속의 조합으로 주어진 자료이다. 이 중에서 온도와 습도를 사용하여 불쾌지수를 계산하는 프로그램을 작성하기로 한다.

	1	2	3
온도 T	20	25	30
습도 RH	65	70	75
풍속 V	5	10	7

다음 프로그램은 Weather 클래스를 만들고 불쾌지수를 계산하는 내용이다.

```
class Weather:
    def __init__(self,t,rh):
        self.t = t
        self.rh = rh

    def discomfort_index(self):
        di = self.t - 0.55*(1 - 0.01*self.rh)*(self.t - 14.5)
        return di

t = 30
rh = 70
seoul = Weather(t,rh)
print(f"T = {t}C, RH = {rh}%")
print(f"불쾌지수: {seoul.discomfort_index():.0f}")
```

이 프로그램에서는 클래스 Weather를 만들고 클래스 생성자 __init__()와 불쾌지수 함수 discomfort_index()를 추가한다. 온도 t = 30와 습도 rh = 70에 대하여 이 프로그램을 실행하면 다음과 같은 결과를 얻는다.

```
T = 30C, RH = 70%
불쾌지수: 27
```

34.3 부패지수 계산

이번에는 앞에서 작성하였던 프로그램에 부패지수를 계산하는 부분을 함수 decay_index()로 추가하기로 한다. 이를 위해서 따로 분리된 함수를 만들기보다는 기존의 클래스에 소속된 함수로 정의하는 것이 편리하다.

```
class Weather:
    def __init__(self,t,rh):
        self.t = t
        self.rh = rh

    def discomfort_index(self):
        di = self.t - 0.55*(1 - 0.01*self.rh)*(self.t - 14.5)
        return di

    def decay_index(self):
        dei = (self.rh - 65)/14 * 1.054**self.t
        return dei

t = 30
rh = 70
seoul = Weather(t,rh)
print(f"T = {t}C, RH = {rh}%")
print(f"불쾌지수: {seoul.discomfort_index():.0f}")
print(f"부패지수: {seoul.decay_index():.0f}")
```

위에서 살펴본 대로 클래스 개념을 사용하면 기존 프로그램에 새로운 기능을 추가하기 편리하다. 여기서는 Weather 클래스에 decay_index()을 추가하였다. 이제 클래스 Weather는 두 개의 함수를 방법으로 가지고 있으며 입력 인자(온도, 습도)들을 공유할 수 있으므로 계산을 위한 객체를 생성하기 위해서는 seoul = Weather(t,rh)와 같이 실행할 수 있다. 이 프로그램을 실행하면 결과는 다음과 같다.

```
T = 30C, RH = 70%
불쾌지수: 27
부패지수: 2
```

CHAPTER 35

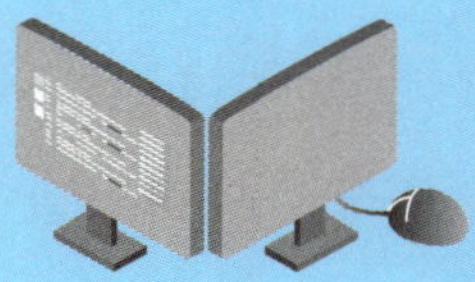

프로젝트: 팩봇 (pacbot)

35.1 사용되는 프로그램 도구

이 프로젝트에서 사용하게 될 프로그램 도구는 다음과 같다.

- 클래스
- 클래스의 속성attributes
- 클래스의 방법methods
- 클래스의 실체화instances

35.2 팩봇 만들기

- 이번 프로젝트에서는 세계적으로 인기를 끌었던 게임이었던 Pac-Man[22]을 모사하는 팩봇pacbot을 구현하는 프로그램을 만들어 보기로 한다.
- 첫 번째 팩봇 프로그램은 사용자의 명령에 따라 좌우로 한 칸씩만 움직일 수 있는 것으로 한다.

---

22 팩맨은 1980년에 Namco사가 출시한 미로 찾기 비디오 게임이다.

- 이후에 프로그램을 수정하여 좌우뿐만 아니라 상하의 움직임도 나타낼 수 있도록 한다.
- 작성된 팩봇 프로그램을 수정하여 두 개의 팩봇의 움직임을 나타낼 수 있도록 한다.
- 클래스와 클래스에 속한 방법methods과 속성attributes을 응용하여 프로그램을 작성한다.

```
class Packbot(object):
    def __init__(self):
        pass

    def left(self):
        pass

    def right(self):
        pass
```

- 먼저 Packbot이라는 클래스를 만드는 데 있어서 생성자와 두 개의 방법, left(), right()으로 구성하기로 한다.
- 다음 프로그램에서는 팩봇 클래스의 내용이 아직 정확하게 정의되지 않았으므로 모두 pass로 주었다.
- 여기서 pass로 되어있는 부분은 프로그램을 실행하여도 아무런 작업을 수행하지 않는다.

이제 클래스의 내용을 팩봇이 좌우로 움직이는 동작으로 하여 다음과 같이 프로그램을 작성한다.

```
class Packbot(object):
    def __init__(self,x):
```

```
        self.x = x

    def left(self):
        self.x -= 1

    def right(self):
        self.x += 1
bot = Packbot(1)
```

- 이 프로그램에서는 팩봇의 초기 위치를 x = 1로 하고 좌측으로 한 칸 움직일 때는 −1을 우측으로 갈 때는 +1로 하기로 한다.
- 팩봇의 실체를 정의하기 위해서 Pacbot클래스를 사용하여 bot = Packbot(1)을 실행한다.
- 여기서 Packbot(1)은 처음 위치가 x = 1임을 뜻하고 프로그램 내에서는 생성자 함수 (__init__(self,x))를 통하여 실체 변수 self.x가 1로 초기화됨을 의미한다.

이제 게임 조작기를 사용하여 다음 표에서의 순서로 팩봇에 명령하였을 때 최종 위치를 출력하는 작업을 고려해보도록 한다.

	START	left	left	left	right	END
x	1	−1	−1	−1	1	−1

다음 프로그램은 위의 표에 나온 대로 팩봇의 움직임을 만들어내는 내용을 담고 있다.

```
class Packbot(object):
    def __init__(self,x):
        self.x = x
```

```
    def left(self):
        self.x -= 1

    def right(self):
        self.x += 1

bot = Packbot(1)
bot.left()
bot.left()
bot.left()
bot.right()
print(f"x = {bot.x}")
```

이 프로그램에서는 표에서 정한 팩봇의 움직임을 찾아 `bot.left()`, `bot.right()`으로 움직임을 갱신한다. 최종적으로 팩봇의 위치를 출력하면 다음과 같다.

```
x = -1
```

35.3 2차원 팩봇 만들기

앞에서 만든 팩봇은 좌우로만 움직일 수 있는 제한이 있었다. 이번에는 상하로도 움직일 수 있도록 하여 2차원적인 기능을 구현하는 프로그램을 만들기로 한다. 여기서도 클래스 개념을 사용하면 기존의 형식에 대하여 다양한 기능을 손쉽게 가감할 수 있다.

```
class Pacbot(object):
    def __init__(self,x,y):
```

```
        self.x = x
        self.y = y

    def left(self):
        self.x -= 1

    def right(self):
        self.x += 1

    def up(self):
        self.y += 1

    def down(self):
        self.y -= 1

bot2 = Pacbot(1,1)
```

- 클래스 Pacbot에 상하로 움직이는 방법 up()과 down()을 추가하였다.
- 좌우의 좌표는 x로 상하의 좌표는 y로 하여 표시하였으며 팩봇의 초기 위치는 bot2 = Packbot(1,1)로 하여 (1,1)로 지정하였다.

아래의 표는 2차원 팩봇의 움직임을 정의한 것이다.

	START	left	up	up	down	END
x	1	−1	0	0	0	0
y	1	0	1	1	−1	2

위의 표대로 움직이는 팩봇의 최종 위치를 계산해주는 실행 가능한 프로그램을 작성하면 다음과 같다.

```
class Pacbot(object):
    def __init__(self,x,y):
        self.x = x
        self.y = y

    def left(self):
        self.x -= 1

    def right(self):
        self.x += 1

    def up(self):
        self.y += 1

    def down(self):
        self.y -= 1

bot2 = Pacbot(1,1)
bot2.left()
bot2.up()
bot2.up()
bot2.down()
print(f"x = {bot2.x}, y = {bot2.y}")
```

위의 표에서 정해진 움직임을 그대로 구현하기 위해서 bot2.left(), bot2.up() 등과 같이하였고 이 프로그램을 수행하면 팩봇의 최종 위치는 다음과 같이 출력된다.

```
x = 0, y = 2
```

35.4 두 개의 팩봇 만들기

- 복잡한 구조를 가지는 문제를 단순화하여 프로그래밍하는 데 있어서 객체지향 프로그래밍은 탁월한 성능을 보여준다.
- 그러므로 앞에서 소개한 클래스의 개념만을 적용하여 두 개의 팩봇을 쉽게 구현해 낼 수 있다.
- 즉, 두 개의 팩봇이 모두 2차원 거동이 가능하다고 하면 각 팩봇은 `bot1 = Pacbot(3,2)`와 `bot2 = Pacbot(1,1)`로 하여 두 개의 실체로 구현할 수 있다.
- 또한, 초기 위치는 각각 `(3,2)`와 `(1,1)`로 한다.

두 개의 팩봇의 움직임은 아래 표에 있는 것처럼 각자 독립적으로 움직이게 주어진다.

bots		START	right	down	down	up	END
bot1	x	3	1	0	0	0	4
	y	2	0	–1	–1	1	1
		START	left	up	up	down	END
bot2	x	1	–1	0	0	0	0
	y	1	0	1	1	–1	2

위 표에 있는대로 두 팩봇의 움직임을 구현하기 위해서 프로그램을 다음과 같이 작성한다.

```
class Pacbot(object):
    def __init__(self,x,y):
        self.x = x
        self.y = y
```

```
    def left(self):
        self.x -= 1

    def right(self):
        self.x += 1

    def up(self):
        self.y += 1

    def down(self):
        self.y -= 1

bot1 = Pacbot(3,2)
bot2 = Pacbot(1,1)
bot1.right()
bot2.left()
bot1.down()
bot2.up()
bot1.down()
bot2.up()
bot1.up()
bot2.down()
print(f"bot1: x = {bot1.x}, y = {bot1.y}")
print(f"bot2: x = {bot2.x}, y = {bot2.y}")
```

첫 번째 팩봇은 bot1 = Pacbot(3,2)로 두 번째는 bot2 = Pacbot(1,1)로 각각 실체화시킨 후, bot1.right(), bot2.left() 등과 같이하여 두 팩봇을 움직이게 된다. 이 프로그램을 실행시키면 두 팩봇의 최종 위치는 다음과 같이 출력된다.

```
bot1: x = 4, y = 1
bot2: x = 0, y = 2
```

- 이 프로그램을 작성할 때 클래스 개념을 사용하지 않으면 많은 부분을 중복되게 코딩을 하게 되어 프로그램 전체가 복잡해지고 팩봇의 수가 증가할수록 더욱 다루기가 어려워진다.
- 그러나 클래스의 개념을 사용하면 원하는 팩봇의 개수가 늘어나도 그에 따른 실체를 만들어 주면 되기 그 때문에 더 수월하게 프로그램을 작성할 수 있다는 장점이 있다.

CHAPTER

36

클래스 상속하기

36.1 사용되는 프로그램 도구

이 프로젝트에서 사용하게 될 프로그램 도구는 다음과 같다.

- 클래스
- 클래스의 속성attributes
- 클래스의 방법methods
- 클래스의 실체화instances
- 클래스의 상속

36.2 부모 클래스와 자식 클래스

- 클래스에는 부모 클래스parent class와 자식 클래스child class라는 개념을 사용하여 자식 클래스가 부모 클래스의 속성을 그대로 이어받을 수 있는 상속inheritance이라는 특징이 있다.

- 상속 개념을 사용하면 상당히 복잡한 문제를 보다 단순한 구조를 지닌 문제로 분리하여 코딩할 수 있다는 장점이 있다.
- 해결하고자 하는 문제를 부모 클래스와 자식 클래스 구조로 설계하여 클래스 상속의 개념을 설명하기로 한다.

다음은 부모 클래스인 Mother프로그램이며 클래스 생성자 __init__()와 care()라는 방법을 갖는 클래스이다.

```
class Mother(object):
    def __init__(self):
        pass

    def care(self):
        print("Care")

mom = Mother()
mom.care()
```

여기서 mom = Mother()으로 선언하여 실체인 mom을 만들고 mom.care()로 하면 다음과 같은 결과를 출력한다.

```
Care
```

클래스 상속

- 다음 프로그램에서는 앞에서 작성한 부모 클래스에 대한 자식 클래스로 Baby(Mother)을 정의하여 사용한다.
- 여기서 자식 클래스는 부모 클래스의 특성을 그대로 상속받는 클래스이다.

- 즉, 자식 클래스에는 부모 클래스에서 정의된 속성attributes과 방법methods이 그대로 전달된다.

```
class Baby(Mother):
    def __init_(self):
        super().__init__(self)

    def sleep(self):
        print("Sleep")
```

- 이 프로그램에서 class Baby(Mother)와 같이하여 자식 클래스 Baby(Mother)는 부모 클래스 Mother의 특성을 상속받았다.
- 또한 super().__init__(self)은 자식 클래스에서 super()라는 부모 클래스를 함께 초기화하여 생성해 주는 기능constructor을 하는 명령어이다.
- 예를 들어, care()는 원래 부모 클래스에 속해 있는데 그것이 자식에게 상속되어 자식 클래스에서도 마치 자신의 것인 것처럼 사용될 수 있다.

다음 프로그램은 자식 클래스 Baby(Mother)를 정의하고 sleep 방법을 추가하고 있다. 위의 내용을 모두 취합하여 실행할 수 있는 프로그램으로 작성하면 다음과 같다.

```
class Mother(object):
    def __init__(self):
        pass

    def care(self):
        print("Care")

class Baby(Mother):
    def __init_(self):
```

```
        super().__init__(self)

    def sleep(self):
        print("Sleep")

baby = Baby()
baby.care()
baby.sleep()
```

- 여기서 baby = Baby()로 하여 자식 클래스에 대한 실체를 생성하였으므로 baby.care()와 같이 실행하면 자식 클래스에서도 부모 클래스의 방법인 care()에도 접근할 수 있다.

위 프로그램을 실행시키면 결과는 다음과 같이 되어 부모와 자식 간에 상속이 이루어졌음을 알 수 있다.

```
Care
Sleep
```

클래스 상속의 확장

앞에서는 단 하나의 자식 클래스를 사용하였다. 이번에는 하나가 아닌 다수의 자식 클래스의 경우를 고려해보기로 한다. 예를 들어, 자녀 세 명을 Baby 클래스를 사용하여 실체화시키면 다음과 같이 쓸 수 있다.

```
baby1 = Baby()
baby2 = Baby()
baby3 = Baby()
baby1.care()
```

```
baby2.sleep()
baby3.sleep()
```

- 여기서 첫 번째 아기 **baby1**은 엄마가 돌보고 있으며 (**baby1.care()**), 두 번째와 세 번째 아기는 (**baby2.sleep()**), (**baby3.sleep()**)로서 각각 잠을 자는 상태를 나타내고 있다.
- 즉, **care()**는 부모 클래스의 방법이며 **sleep()**는 자식 클래스의 방법이다.

언급한 내용을 모두 취합하여 실행시킬 수 있는 프로그램으로 작성하면 다음과 같다.

```
class Mother(object):
    def __init__(self):
        pass

    def care(self):
        print("Care")

class Baby(Mother):
    def __init_(self):
        super().__init__(self)

        print("Sleep")

baby1 = Baby()
baby2 = Baby()
baby3 = Baby()
baby1.care()
baby2.sleep()
baby3.sleep()
```

이 프로그램을 실행시키면 결과는 다음과 같으며 부모 클래스와 다수의 자식 클래스 간에 상속이 잘 이루어졌음을 알 수 있다.

```
Care
Sleep
Sleep
```

CHAPTER 37

프로젝트: 점핑 팩봇 만들기

37.1 사용되는 프로그램 도구

이 프로젝트에서 사용하게 될 프로그램 도구는 다음과 같다.

- 클래스
- 클래스의 속성attributes
- 클래스의 방법methods
- 클래스의 실체화instances
- 클래스의 상속

37.1 두 칸씩 움직이는 팩봇

- 앞에서 만들어 본 팩봇은 단지 상하좌우로 한 칸씩만 움직이는 기능이 있다.
- 여기서는 기존의 팩봇의 성능을 개선하여 두 칸씩도 움직일 수 있도록 프로그램으로 만들기로 한다.

- 두 칸씩 점프가 가능하게 하려면 기존의 프로그램에 직접적인 수정을 가해도 되지만 그렇게 되면 다음에 또 다른 기능을 첨삭하고자 할 때도 프로그램 전체를 모두 수정해야 하는 어려움이 있다.
- 따라서 기존의 팩봇 클래스를 그대로 유지하면서 클래스 상속의 개념을 사용하여 점프할 수 있는 기능을 추가해 보기로 한다.

기존의 팩봇 클래스(부모 클래스)의 특성을 그대로 상속받는 점프가 가능한 자식 클래스를 jumping_bot라 하고 다음과 같이 작성한다.

```
class Jumping_bot(Pacbot):
    def __init__(self,x, y):
        super().__init__(x,y)
        self.x = x
        self.y = y

    def jump_left(self):
        self.x -= 2

    def jump_right(self):
        self.x += 2

    def jump_up(self):
        self.y += 2

    def jump_down(self):
        self.y -= 2
```

- 이 프로그램에서 자식 클래스는 class Jumping_bot(Pacbot)와 같이 선언되어 부모 클래스인 Pacbot의 특성을 그대로 상속한다.
- 여기서 jumping_bot에서는 네 개의 방법 jump_left, jump_right, jump_up, jump_down을 각각 사용하여 상하좌우 모든 움직임이 두 칸씩

진행됨을 유의한다.

다음의 표에서는 팩봇의 초기 위치가 (1,1)로 주어졌을 때 6회에 걸친 팩봇의 움직임을 정의하고 있으며 최종 위치는 (0,4)가 된다.

	START	left	up	up	down	right	END
x	1	−2	0	0	0	1	0
y	1	0	2	2	−1	0	4

부모 클래스를 `Pacbot`로 자식 클래스를 `Jumping_bot(Pacbot)`로 하여 표에 나타나 있는 대로 팩봇의 움직임을 프로그램으로 구현하면 다음과 같다.

```
class Pacbot(object):
    def __init__(self,x,y):
        self.x = x
        self.y = y

    def left(self):
        self.x -= 1

    def right(self):
        self.x += 1

    def up(self):
        self.y += 1

    def down(self):
        self.y -= 1

class Pacbot_jump(Pacbot):
    def __init__(self,x, y):
        super().__init__(x,y)
```

```
        self.x = x
        self.y = y

    def jump_left(self):
        self.x -= 2

    def jump_right(self):
        self.x += 2

    def jump_up(self):
        self.y += 2

    def jump_down(self):
        self.y -= 2

bot3 = Pacbot_jump(1,1)
bot3.jump_left()
bot3.jump_up()
bot3.jump_up()
bot3.down()
bot3.right()
print(f"x = {bot3.x}, y = {bot3.y}")
```

팩봇의 초기 위치는 `bot3 = Pacbot_jump(1,1)`으로 하여 (1,1)이 되며, 주어진 표에 의해서 한 번의 왼쪽 점프 `bot3.jump_left()`, 두 번의 위쪽 점프 `bot3.jump_up()`, 한 번의 아래쪽 이동 `bot3.down()`, 한 번의 오른쪽 이동 `bot3.right()`을 거치게 된다. 그러므로 팩봇의 최종 위치는 프로그램을 실행한 결과를 보면 다음과 같다.

```
x = 0, y = 4
```

CHAPTER 38

프로젝트: 자동주행 팩봇 만들기 1

38.1 사용되는 프로그램 도구

이 프로젝트에서 사용하게 될 프로그램 도구는 다음과 같다.

- 클래스
- 클래스의 속성attributes
- 클래스의 방법methods
- 클래스의 실체화instances
- 무작위 모듈 random의 사용

38.2 자동주행 팩봇 프로그램

- 앞에서 작성한 팩봇은 사용자가 일일이 움직임을 사전에 지정해 주어야 했다.
- 이번에는 팩봇의 초기 위치만 정해주고 무작위random로 스스로 움직이는 팩봇을 만들어 보기로 한다.

- 기존의 팩봇 프로그램을 사용하여 무작위로 움직이게 하는 부분을 추가로 작성한다.

여기서 팩봇은 상하좌우의 네 가지 움직임만 가능하다고 고려한다. 다음은 팩봇의 무작위 움직임을 가능하게 하는 프로그램이다.

```
import random

class Pacbot(object):
    def __init__(self,x,y):
        self.x = x
        self.y = y

    def left(self):
        self.x -= 1

    def right(self):
        self.x += 1

    def up(self):
        self.y += 1

    def down(self):
        self.y -= 1

abot = Pacbot(1,1)
move =[abot.left,abot.right,abot.up,abot.down]
print(f"Starting from x = {abot.x}, y = {abot.y} \n")
for i in range(5):
    ijkl = random.randint(0,3)
    move[ijkl]()
    print(f"x = {abot.x}, y = {abot.y}")
```

- 무작위 숫자를 얻기 위해서는 `import random`로 라이브러리를 사용하며 `random.seed(2019)`로 하여 무작위 숫자를 정하는 방법을 쓴다.
- 다음에는 `abot = Pacbot(1,1)`를 적용하여 실체화시킨다.
- 팩봇의 움직임을 무작위로 만들기 위해서 `move`리스트를 만든다. 이 리스트에서는 팩봇의 움직임을 표현하는 함수들이 요소로 들어가 있다.
- 무작위를 위한 변수 `ijkl`에서의 값은 0,1,2,3의 중의 하나로 주어지며 그 숫자에 따라서 `move`리스트의 항목 중의 하나가 선택된다.
- 예를 들어 `ijkl`이 1로 되면, `move[1]`이 되어서 `abot.right`가 되어 오른쪽으로 이동하게 된다.

이 프로그램을 실행시키면 다음과 같이 팩봇 움직임에 대한 전체 궤적을 볼 수 있다.

```
Starting from x = 1, y = 1

x = 2, y = 1
x = 3, y = 1
x = 3, y = 0
x = 4, y = 0
x = 5, y = 0
```

CHAPTER 39

프로젝트: 자동주행 팩봇 만들기 2

39.1 사용되는 프로그램 도구

이 프로젝트에서 사용하게 될 프로그램 도구는 다음과 같다.

- 클래스
- 클래스의 속성attributes
- 클래스의 방법methods
- 클래스의 실체화instances
- 클래스의 상속
- 무작위 모듈 random의 사용

39.2 자식 클래스 작성

- 두 개 이상의 팩봇이 무작위 순서로 주행하는 프로그램을 작성해보기로 한다.

- 이러한 복잡한 구조의 문제를 해결하고자 할 때, 클래스 개념을 도입하는 것이 많은 도움이 된다.
- 팩봇의 기본 움직임에 대해서는 앞에서와 같은 클래스를 사용하되 움직임은 두 개의 팩봇을 구분하여 결정해야 하므로 자식 클래스를 만들어 사용하는 것이 편리하다.
- 따라서 부모 클래스 Pacbot(object)는 기본적인 움직임을 정의해주고 자식 클래스는 각각의 팩봇을 실제로 움직이는 내용을 담고 있다.

두 팩봇의 움직임을 관리하기 위한 프로그램은 내용이 정확하게 같으므로 클래스를 사용하지 않으면 같은 내용을 반복해서 코딩해야 하므로 비효율적이다. 따라서, 부모 클래스로부터 상속을 받는 자식 클래스 Move(Pacbot)를 사용하여 더욱 간편하게 프로그램을 작성하는 것이 가능하다. 다음 프로그램은 자식 클래스 Move(Pacbot)의 움직임을 구현한 것이다.

```
class Move(Pacbot):
    def __init__(self,x,y):
        super().__init__(x,y)
        self.x = x
        self.y = y

    def bot_moves(self):
        moves = [Pacbot.left,Pacbot.right,Pacbot.up,Pacbot.down]
        xm = []
        ym = []
        for i in range(5):
            ijkl = random.randint(0,3)
            moves[ijkl](self)
            xm.append(self.x)
            ym.append(self.y)
        return xm,ym
```

- 클래스 구조를 사용하면 다수의 팩봇을 쉽게 추가할 수 있다.
- 이를 위해서 앞에서 사용하였던 Pacbot 클래스의 자식 클래스로 Move(Pacbot) 클래스를 추가하여 사용하기로 한다.
- 클래스 Pacbot은 팩봇의 기본 움직임을 정의하는 네 가지 방법인 left, right, up, down을 포함하고 있으며 자식 클래스인 Move는 무작위로 움직임의 방향을 결정하는 bot_moves라는 방법을 가지고 있다.
- bot_moves 방법에서는 팩봇의 전후좌우의 움직임을 moves에 담아놓았으며 이는 모두 부모 클래스인 Pacbot으로부터 상속된 것이다.
- 또한, for 문과 random.randint(0,3)을 사용하여 팩봇이 무작위로 다섯 번을 움직이는 내용을 구현하였다.

앞에서 설명한 모든 내용을 취합하여 실행가능한 프로그램으로 코딩하면 다음과 같이 주어진다.

```
import random

class Pacbot(object):
    def __init__(self,x,y):
        self.x = x
        self.y = y

    def left(self):
        self.x -= 1

    def right(self):
        self.x += 1

    def up(self):
        self.y += 1
```

```
    def down(self):
        self.y -= 1

class Move(Pacbot):
    def __init__(self,x,y):
        super().__init__(x,y)
        self.x = x
        self.y = y

    def bot_moves(self):
        moves = [Pacbot.left,Pacbot.right,Pacbot.up,Pacbot.down]
        xm = []
        ym = []
        for i in range(5):
            ijkl = random.randint(0,3)
            moves[ijkl](self)
            xm.append(self.x)
            ym.append(self.y)
        return xm,ym

x01, y01 = 1,1
x02, y02 = 1,2
bot1 = Move(1,1)
bot2 = Move(1,1)
x1, y1 = bot1.bot_moves()
x2, y2 = bot2.bot_moves()
print(f"x1 = {x1}, y1 = {y1}")
print(f"x2 = {x2}, y2 = {y2}")
```

- 두 개의 팩봇에 대한 무작위 움직임을 구현하기 위해서 먼저 `bot1 = Move(1,1)`, `bot2 = Move(1,1)`와 같이하여 두 개의 팩봇을 초기 위치 (1,1)에서 실체화시킨다.

- 클래스 Move에서는 bot_moves 방법으로 5회의 무작위 움직임을 받아서 이동하게 하는 것으로 되어있다.
- 이 과정은 두 개의 팩봇의 위치를 알려주는 x1, y1 = bot1.bot_moves(), x2, y2 = bot2.bot_moves()으로 구현되었다.
- 이 프로그램은 이전 장에서 작성했던 것과 같으며 bot1과 bot2로 두 개의 다른 팩봇을 실체로 만들게 된다.

프로그램을 실행시키면 결과는 다음과 같으며 x1, y1은 bot1에 대하여, x2, y2은 bot2에 대한 움직임을 알려주고 있다.

```
x1 = [2, 3, 3, 4, 5], y1 = [1, 1, 0, 0, 0]
x2 = [2, 2, 2, 2, 3], y2 = [1, 2, 3, 2, 2]
```

CHAPTER 40

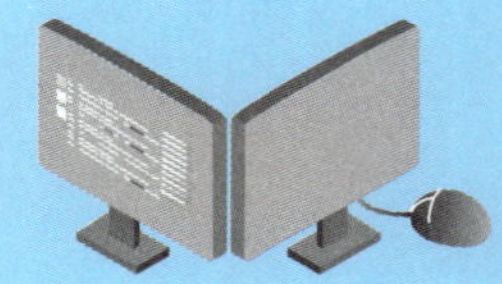

프로젝트: 햄버거 주문 시스템

40.1 사용되는 프로그램 도구

이 프로젝트에서 사용하게 될 프로그램 도구는 다음과 같다.

- 클래스
- 클래스의 속성attributes
- 클래스의 방법methods
- 클래스의 실체화instances
- 클래스의 상속

40.2 주문 시스템

- 햄버거를 주문하는 시스템을 클래스를 사용하여 프로그램으로 구현한다.
- 추가로 사이드 메뉴를 주문할 때 전체 금액을 출력해주는 프로그램을 작성한다.
- 프로그램을 작성하면서 클래스와 상속의 개념을 사용하기로 한다.

- 햄버거의 가격은 외부에서 인자로 주기로 하고, 주문 총액은 클래스 cheese_burger에서 출력하는 것으로 한다.

클래스 cheese_burger는 다음과 같이 작성한다.

```
class cheese_burger(object):
    def __init__(self,price):
        self.price = price

    def total(self):
        print(f"Total amount: {self.price} 원")
```

클래스 cheese_burger는 price라는 속성과 total()이라는 방법을 가진다.

```
class cheese_burger(object):
    def __init__(self,price):
        self.price = price

    def total(self):
        print(f"Total amount: {self.price} 원")
burger = cheese_burger(5000)
burger.total()
```

이 프로그램에서는 5000원짜리 버거를 주문하는 과정을 cheese_burger(5000)로 하고 총액은 burger.total()로 하여 출력되는 결과를 보여주고 있다. 즉, price 변수가 5000의 값을 가지고 사용되었다. 만일 버거의 가격이 바뀌면 그에 해당하는 인자를 주면 된다.

```
Total amount: 5000 원
```

40.3 사이드 메뉴 추가

이번에는 기본 메뉴에 사이드 메뉴를 추가하는 과정을 프로그램으로 작성해보기로 한다. 햄버거 가게에서 기본 메뉴와 아울러서 사이드로 다음과 같은 메뉴 1을 제공하고 있다고 하며 프라이[fries]와 콜라[coke]를 포함한다.

Basic	Menu 1
Burger	fries (2500)
	coke (1200)

- 기본 메뉴를 부모 클래스로 할당하고, 사이드 메뉴를 자식 클래스로 할당하기로 하면 이 문제는 두 개의 클래스, 즉, 부모–자식 클래스 문제로 귀착될 수 있다.

다음 프로그램은 메뉴 1을 자식 클래스 side_menu1(cheese_burger)로 만든 것이다.

```
class side_menu1(cheese_burger):
    def __init__(self,price):
        super().__init__(price)
        self.price = price

    def fries(self):
        self.price = self.price + 2500
        return self.price

    def coke(self):
        self.price = self.price + 1200
        return self.price
```

- 사이드 메뉴 1은 cheese_burger 클래스의 자식 클래스 side_menu1로 만든다.
- 주문 총액은 부모 클래스인 cheese_burger에 속해 있으므로 side_menu1는 특성을 상속받아야 하므로 class side_menu1(cheese_burger)와 같이 선언한다.
- 한편, side_menu1 클래스에는 두 개의 서브 메뉴, fries와 coke로 구성되어 있으므로 함수로 선언하여 해당하는 금액을 총액에 가산하도록 한다.
- 서브 메뉴에서는 fries는 2500원, coke는 1200원이 각각 추가된다.

앞에서 언급한 내용을 취합하여 실행가능한 프로그램으로 만들면 다음과 같다.

```
class cheese_burger(object):
    def __init__(self,price):
        self.price = price

    def total(self):
        print(f"Total amount: {self.price} 원")
class side_menu_1(cheese_burger):
    def __init__(self,price):
        super().__init__(price)
        self.price = price

    def fries(self):
        self.price = self.price + 2500
        return self.price

    def coke(self):
        self.price = self.price + 1200
        return self.price
```

```
burger = side_menu_1(5000)
burger.coke()
burger.coke()
burger.total()
```

위에서는 버거(5000원)를 하나 주문한 후 burger = side_menu_1(5000), 사이드 메뉴로 콜라를 2개 주문하였을 때, burger.coke(), 총액을 출력하는 과정 burger.total()을 보여주고 있다. 결과적으로 프로그램 실행 결과는 다음과 같으며 예상대로 잘 작동하고 있는 것을 볼 수 있다.

```
Total amount: 7400 원
```

40.4 신메뉴 추가

- 햄버거 가게의 매상이 증가함에 따라 더 많은 메뉴를 제공하기로 하고 메뉴 2라는 항목을 다음과 같이 만들게 되었다. 따라서 기존의 주문표를 수정할 필요가 생겼다.
- 그러나 이미 잘 작동하고 있는 주문표 프로그램에 직접 수정을 가하기에는 위험 부담이 있으므로 메뉴 2를 위한 새로운 클래스 side_menu2를 만들어 대응하기로 한다.
- 새로운 메뉴에는 cheese와 coffee이 포함되었다.

Basic	Menu 1	Menu 2
Burger	fries (2500) coke (1200)	cheese (1500) coffee (2000)

```
class side_menu_2(side_menu_1):
    def __init__(self,price):
        super().__init__(price)
        self.price = price

    def cheese(self):
        self.price = self.price + 1500
        return self.price
    def coffee(self):
        self.price = self.price + 2000
        return self.price
```

- 신메뉴를 자식 클래스로 간주하여 사용하는 프로그램을 작성한다.
- 여기서 side_menu_2는 side_menu_1의 자식 클래스이며, 또한 side_menu_1은 기본 메뉴의 cheese_burger의 자식 클래스로 하기로 한다.
- 궁극적으로 side_menu_2클래스는 기본 메뉴 cheese_burger의 자식 클래스가 된다.
- 또한, side_menu_2클래스에서는 두 개의 새로운 메뉴 cheese와 coffee를 함수로 각각 정의하였다.
- 위 프로그램에서는 side_menu_2(side_menu_1)클래스가 side_menu_1 클래스로부터 상속받는 과정을 보여주고 있다.

다음은 기본 메뉴와 메뉴 1과 2를 모두 포함한 실행가능한 프로그램이다.

```
class cheese_burger(object):
    def __init__(self,price):
        self.price = price

    def total(self):
```

```
        print(f"Total amount: {self.price} 원")

class side_menu_1(cheese_burger):
    def __init__(self,price):
        super().__init__(price)
        self.price = price

    def fries(self):
        self.price = self.price + 2500
        return self.price

    def coke(self):
        self.price = self.price + 1200
        return self.price

class side_menu_2(side_menu_1):
    def __init__(self,price):
        super().__init__(price)
        self.price = price

    def cheese(self):
        self.price = self.price + 1500
        return self.price
    def coffee(self):
        self.price = self.price + 2000
        return self.price

burger = side_menu_2(5000)
burger.fries()
burger.cheese()
burger.total()
```

이 프로그램에서는 버거(5000원)과 메뉴 1에 속한 `burger.fries()`, 그리고 메뉴2에 속한 burger.cheese()를 사이드 메뉴로 선택하였으며 총액은 burger.total()로 계산된다. 이 프로그램을 실행하면 다음과 같은 결과를 얻는다.

```
Total amount: 9000 원
```

결과에서 볼 수 있듯이 프라이는 메뉴 1에 속한 항목이며, 치즈는 메뉴 2에 속한 항목인데 모두 정확하게 가격이 계산되어 나옴을 볼 수 있다. 따라서 side_menu_2 클래스는 side_menu_1뿐만 아니라 부모 클래스 cheese_burger의 속성까지 모두 상속하고 있음을 알 수 있다.

CHAPTER

41

객체로서의 파이썬 응용

41.1 객체지향 프로그래밍

파이썬은 객체지향 프로그래밍Object Oriented Programming: OOP의 구현을 염두에 두고 만들어진 컴퓨터 언어이다. 원칙적인 사람 중에는 파이썬은 사실 객체지향의 개념을 완벽하게 구현하지 못하고 있다고도 한다. 그러나 전문 프로그래머들이 아닌 사람들이 객체지향 프로그래밍의 개념을 100% 이해하고 활용하는 것은 어려운 일이다. 따라서 필요한 내용만을 취하여 목적에 맞게 사용하는 것이 대부분이라고 생각한다.

- 객체object는 현실에 존재하는 실체를 프로그램상에서 추상화시킨 것이라고 볼 수 있다.
- 따라서 어떤 문제나 대상을 객체로 만들어 실제와 유사한 방법으로 다룰 수 있도록 하는 개념을 의미한다.
- 파이썬에서는 데이터(정수, 실수, 문자열 등), 데이터 구조(리스트, 투플, 클래스 등)을 모두 객체로 간주하고 있다.
- 객체에 접근하려는 방편에는 방법methods과 함수functions가 있다.

41.2 파이썬 객체 사용기법

객체에 대한 방법 사용

- 객체에 대한 방법은 객체.method와 같은 문법을 사용한다.
- 예를 들어, text 문자열을 만들고 객체로 간주하여 text.upper()로 하면 이는 객체인 text에 upper()라는 방법을 적용한 것이된다.
- 즉, text에 있는 문자를 모두 대문자로 변환시켜 보여준다.

객체에 대한 함수 사용

- 객체에 대하여 함수를 사용하는 것은 function(객체)와 같은 문법을 사용한다.
- 예를 들어 max(grade)은 리스트 객체 grade에서 최댓값을 찾아서 출력해주는 max 함수의 사용법을 보여주고 있다.
- 여기서 언급하는 함수는 객체에 대한 함수로서 일반적인 개념의 함수와 혼동하지 말아야 한다.

단순히 파이썬 문법에 따라 코딩하는 것이 아니라 이러한 사실을 잘 이해하고 있으면 보다 높은 차원에서 파이썬 프로그래밍 기법을 수행할 수 있을 것이다. 그러므로 객체지향 프로그래밍의 큰 틀에서 방법과 함수를 적절하게 사용하며 어려운 문제들을 해결하기 위한 프로그램을 작성하는 것이 더욱 즐거운 일이 되리라 생각한다.

Quiz 해답

2장

1.

```
a = 1
x = 2.3
y = a + x

print(type(y))
```

```
<class 'float'>
```

3.

```
print(3 + 2)
print(3 / 2)
print(14 % 2)
print(21 // 4)
```

```
5
1.5
```

```
0
5
```

5.

```
a = 7
a += 3
print(f"a += 3 -> {a}")
a -= 2
print(f"a -= 2 -> {a}")
a *= 3
print(f"a *= 3 -> {a}")
a /= 2
print(f"a /= 2 -> {a}")

a += 3 -> 10
a -= 2 -> 8
a *= 3 -> 24
a /= 2 -> 12.0
```

7.

```
b = 5
b += 2
print(f"b += 2 -> {b}")
b -= 3
print(f"b -= 3 -> {b}")
b *= 4
print(f"b *= 4 -> {b}")
b /= 3
print(f"b /= 3 -> {b}")

b += 2 -> 7
b -= 3 -> 4
b *= 4 -> 16
b /= 3 -> 5.333333333333333
```

9.

```
text = "I love Python"
check = "love" in text
print(check)
True
```

3장

3.

```
numbers = [5,1,4,2,3]
print(max(numbers))
print(min(numbers))
numbers.sort()
print(numbers)

5
1
[1, 2, 3, 4, 5]
```

5.

```
py = []
py.append('Python')
py.append('is')
py.append('fun')
print(py)
py.remove('is')
print(py)
py.insert(1,'is')
print(py)

['Python', 'is', 'fun']
['Python', 'fun']
['Python', 'is', 'fun']
```

7.

```
shop = []
shop.append("milk")
print(shop)
shop.append("water")
shop.append("snack")
print(shop)
shop.append("milk")
print(shop)
shop.remove("milk")
print(shop)
```

```
['milk']
['milk', 'water', 'snack']
['milk', 'water', 'snack', 'milk']
['water', 'snack', 'milk']
```

4장

1.

```
back = "The empire strikes back"
print(back[:])
print(back[:3])
print(back[:-1])
print(back[4:])
print(back[-4:])
print(back[4:8])
print(back[9:-1])
print(back[-4:-1])
```

```
The empire strikes back
The
```

```
The empire strikes bac
empire strikes back
back
empi
e strikes bac
bac
```

3.

```
attack = "Attack of the clones"
print(attack[:])
print(attack[:3])
print(attack[:-1])
print(attack[4:])
print(attack[-4:])
print(attack[4:8])
print(attack[9:-1])
print(attack[-4:-1])
```

```
Attack of the clones
Att
Attack of the clone
ck of the clones
ones
ck o
 the clone
one
```

5.

```
hope ="A new hope"
print(hope[:])
print(hope[:3])
print(hope[:-1])
print(hope[4:])
```

```
print(hope[-4:])
print(hope[4:8])
print(hope[5:-2])
print(hope[-4:-1])

A new hope
A n
A new hop
w hope
hope
w ho
 ho
hop
```

5장

1.

```
pi = 3.141592
print("pi = %5.2f" % pi)


pi =  3.14
```

3.

```
pi = 3.141592
print(f"pi = {pi:.2f}")

pi = 3.14
```

5.

```
text ="Love python"
n = 3000
print("{:s} {:d}".format(text,n))
```

```
Love python 3000
```

7.

```
9.1 + 11.268 = 20.368

a = 9.1
b = 11.268
c = 20.368
print(" %.1f + %.3f = %.3f" % (a,b,c))

9.1 + 11.268 = 20.368
```

9.

```
9.1 + 11.268 = 20.368

a = 9.1
b = 11.268
c = 20.368
print(f"{a:.1f} + {b:.3f} = {c:.3f}")

9.1 + 11.268 = 20.368
```

6장

1.

```
x = 70
if x > 60:
    print("pass")
if x <=60:
    print("fail")
pass
```

3.

```
x = 50
if x > 60:
    print("pass")
else:
    print("fail")
```

```
fail
```

5.

```
x = 110
if x >= 150:
    print("high")
if x >= 100 and x < 150:
      print("normal")
if x < 100:
      print("low")
```

```
normal
```

9장

1.

```
for i in range(1,11):
 print(i)
```

```
1
2
3
4
```

```
5
6
7
8
9
10
```

3.

```
num = ["First", "Second", "Third", "Fourth"]
for i in num:
   print(i)
```

```
First
Second
Third
Fourth
```

5.

```
city = ["서울", "제주", "대구", "전주"]
temp = [12.8, 16.0, 14.3, 13.5]
local = "지역"
avgtemp = "평균온도"
print(f"{local:5s} {avgtemp:10s}")
for c, t in zip(city,temp):
    print(f"{c:5s}: {t:.1f}")
```

```
지역    평균온도
서울   : 12.8
제주   : 16.0
대구   : 14.3
전주   : 13.5
```

7.

```
while True:
    x = int(input("Enter: "))
    if x == 99:
        break
    print(f"You type: {x}")
```

9.

```
while False:
    print("False loop")
print("Do not stop.")
```

```
Do not stop.
```

11.

```
for i in range(1,16):
    for j in range(1,16):
        mult = i * j
        print(f"{i} X {j} = {mult}")
```

14장

1.

```
def add2(a,b):
    return a + b
a = 2
b = 3
ans = add2(a,b)
print(ans)
```

```
5
```

3.

```
def b2ac(a,b,c):
    d = b**2 - 4*a*c
    return d
a = 1
b = 5
c = 2
ans = b2ac(a,b,c)
print(ans)

17
```

5.

```
def ifb2ac(a,b,c):
    d = b**2 - 4*a*c
    if d >= 0:
        return d
a = 1
b = 5
c = 2
ans = ifb2ac(a,b,c)
print(ans)

17
```

7.

```
def s2():
    sum = 0
    for i in range(6):
        sum += i**2
    return sum
print(s2())

55
```

26장

1.

```
import math as ma
pi = ma.pi
def area(r):
    return pi * r**2
def peri(r):
    return 2.0 * pi * r
def leng(f,r):
    return f(r)
a = leng(area,3)
p = leng(peri,3)
print(f"area= {a:.2f}")
print(f"length = {p:.2f}")
```

```
area= 28.27
length = 18.85
```

3.

```
import math as ma
def g(x):
    return x - 2
def f(x):
    return ma.exp(x)
def fg(f,g,x):
    return f(g(x))
cfg = fg(f,g,2)
print(f"f(g({2}))= {cfg:.4f}")
```

```
f(g(2))= 1.0000
```

5.

```
import math as ma
pi = ma.pi
def g(x):
    return 3*x + 1
def f(x):
    return ma.cos(x)
def fg(f,g,x):
    return f(g(x))
cfg = fg(f,g,pi)
print(f"f(g(pi))= {cfg:.4f}")
```

```
f(g(pi))= -0.5403
```

7.

```
import math as ma
pi = ma.pi
def g(x):
    return x - 1
def f(x):
    return 1/ma.sin(x)
def fg(f,g,x):
    return f(g(x))
cfg = fg(f,g,pi/2)
print(f"f(g(pi/2))= {cfg:.4f}")
```

```
f(g(pi/2))= 1.8508
f(g(2))= 3.8442
```

27장

1.

```
import csv
w_list =[[-10,-13,-15,-17],[-20,-24,-27,-29],[-30,-36,-39,-41]]
with open("wct.csv","w") as f:
    w_writer = csv.writer(f)
    w_writer.writerows(w_list)
with open("wct.csv","r") as f:
    w_reader = csv.reader(f)
    for row in w_reader:
        wct = row[0]
        v5 = row[1]
        v10 = row[2]
        v15 = row[3]
        print(wct,v5,v10,v15)
```

```
-10 -13 -15 -17
-20 -24 -27 -29
-30 -36 -39 -41
```

3.

```
import csv
w_list =[[20,'A','A','A','A'],[30,'B','C','C','C'],[40,'D','E','E','F']]
with open("di_2.csv","w") as f:
    w_writer = csv.writer(f)
    w_writer.writerows(w_list)
with open("di_2.csv","r") as f:
    w_reader = csv.reader(f)
    for row in w_reader:
        di = row[0]
        h20 = row[1]
```

```
        h30 = row[2]
        h40 = row[3]
        h50 = row[4]
        print(di,h20,h30,h40,h50)
```

29장

1.

```
x = [i for i in range(1,8)]
print(x)
```

```
[1, 2, 3, 4, 5, 6, 7]
```

3.

```
def f(x):
    return x**2 - 3*x -1
xfx = [[x,f(x)] for x in range(6)]
print(xfx)
```

```
[[0, -1], [1, -3], [2, -3], [3, -1], [4, 3], [5, 9]]
```

5.

```
import math as ma
def f(x):
    return ma.cos(x)
xfx = [[x,f(x)] for x in range(6)]
print(xfx)
```

```
[[0, 1.0], [1, 0.5403023058681398], [2, -0.4161468365471424],
 [3, -0.9899924966004454], [4, -0.6536436208636119],
[5, 0.28366218546322625]]
```

7.

```
text = ['I love Python', 'Study Python']
low = [i.lower() for i in text]
print(low)



['i love python', 'study python']
```

30장

1.

```
x = [1,2,3]
print(x)
[1, 2, 3]
```

3.

```
x = [1, 2, 3]
a,b,c = x
print(a,b,c)

1 2 3
```

참고문헌

1. 파이썬 코딩의 기술, 브렛 슬라킨, 길벗
2. https://www.python.org/
3. https://realpython.com/
4. https://thepythonguru.com/
5. https://pythonprogramming.net/beginner-python-programming-tutorials/
6. https://www.python-course.eu/
7. https://docs.python.org/3/tutorial/
8. https://www.w3schools.com/python/
9. https://docs.python-guide.org/intro/learning/
10. https://www.tutorialspoint.com/python/
11. https://www.codecademy.com/learn/learn-python-3
12. https://en.wikipedia.org/wiki/Python_(programming_language)
13. 파이썬 프로그래밍, 제이슨 브리그스, 비제이퍼블릭

찾아보기

ㅈ

ㅊ

ㅋ

ㅌ

ㅍ

ㅎ

저자소개

최덕기 단국대학교 교수

저서

알고리즘으로 배우는 수치해석: Python 활용, 학산미디어
탄성론 입문, 학산미디어
이공학도를 위한 수치해석 2판:Python으로 코딩하기, 학산미디어
텐서를 사용한 연속체역학 입문, 인터비젼
텐서해석개론, 범한서적
공학도를 위한 텐서방정식의 이해, 범한서적
핵심연속체역학, 영출판사
재료거동과 파손, 진샘미디어

번역서

이공학도를 위한 수치해석: Matlab(Abdelwahab Kharab), 학산미디어
고체역학 2판(Timothy A. Philpot), YOUNG

프로젝트로 배우는 파이썬 프로그래밍

발행일 | 2022년 09월 15일

저　자 | 최덕기
발행인 | 문정임
발행처 | 학산미디어
기　획 | 이덕선
표　지 | 김연아
주　소 | 서울특별시 노원구 동일로245가길 41
전　화 | 02-935-0670 / 010-3223-7340
팩　스 | 02-932-0670
이메일 | sorgento2000@hanmail.net
등록번호 | 제 25100-2011-000001호

ISBN | 979-11-85294-38-4 93560
정가 | 30,000원